首創《易經》九卦人格思維，結合「花波學」舒緩深層壓力，
撫平恐懼、悲傷、憤怒，找回不壓抑的自己。

走出情緒

易經教你學自在，練放鬆，甩壓力

* 覺察自然，走向鬆心之路
* 適應變動，練習安穩自己
* 放鬆自癒，讓生命更美好

林春文 著

不妄取、不妄予、不妄想、不妄求的人生練習

目錄

Contents

第二部 適應變動 練習安穩自己

目錄

Contents

第四部 靈機易動 跨越人間變動

附錄 本命算卦

前言

進退得圓，急緩得鬆——讀《易經》學鬆綁

人生總難恆久住，而這短短又長長的數十寒暑，大大小小的險阻橫立在通行關口，在當下看似被困住了，愈是掙扎愈是動彈不得，於是生出了煩惱心，憤怒、悲傷、憂鬱、貪欲、忌恨、不滿……，成了綁縛身心靈最沉重的枷鎖。

也許當我們念頭一轉，停下腳步，告訴自己喝口水，歇一會吧，看看腳下的傷口，望望來時路，想想前方未知的風景，才發現樹葉已悄悄染紅凋敝，踩過的殘破和著泥濘，竟成了這片土地最豐厚的養分。

因觀察變化而來的領會——順天應地，唯有如此才能激越「存在」的無限潛能，讓自己在方寸之間，找出一條新的方向，了解「有」與「無」本身並沒有差異，「陰」和「陽」並非對立，而是互相依存的自然循環。

然而，該如何把握住那份心領神會？

死傷的罣礙。

定，混沌之間的清明，幫助我們看清眼前的迷障，開啟智慧圓通的大門，超脫病苦

意……」變化無常的年代，人人都需要一盞明燈，也許《易經》正是變異之中的恆

《易經》：「知往察來，觀天測地，知數達變，觀物取象，取象比類，比類表

∴進退得圓，視變異為常

物不可以終過，故受之以坎，坎者陷也。陷必有所麗，故受之以離，離者麗也。

——《易經．坎卦》

有人說，我已經在痛苦了，哪還有心思去想這些有的沒有的？何況是讀艱澀難懂的《易經》？

不要忘了，當我們在脆弱期間，可能是工作失敗、情感失意、疾病糾纏，反而更有機會意識到當下的身體、當下的情緒、當下的自己，從中有了悟性，進而啟動轉念的契機。

解救痛苦之身，遠離困頓災厄的方式有很多，《易經》正是其中最有益的一種。

眾生背反的時代，更需要安靜；腹背受敵的當下，更要習慣危險。

萬物不能過度膨脹、浮濫無度，隨之而來的瓦解塌陷，將一切復歸平淡，困陷之後則有攀握，即是一種自然平衡，以上為《易經》頤卦、大過卦、坎卦、離卦的演繹，不也和人的修身之道互相應證？

「坎者陷也」，於是陷溺泥淖之中的我們，更有時間好好思考困陷之因，儘管坎為水，主凶象，若能通於內外，自能險中求通，否極泰來。

「泰山崩於前而色不變，麋鹿興於左而目不瞬。」對於眼前來去的威脅，以平常心看待，自能不受虛妄所困，進退有據，前後有守，正是一種「心術」的鍛鍊。

「物極必反」，改變乃屬常態，我們都明白，卻不容易接受。但如何在變動中不壓抑自己的情緒，任心念起了又滅、滅了又起，如同浮雲一般自然幻生遊走，而不動氣？

∴急緩得鬆，危機也是祝福

龜，象也；筮，數也。物生而有象，象而後有滋，滋而後有數。——《左傳》

「世界萬物都是數。」古希臘哲學家畢達哥拉斯（Pythagoras）認為「數」包羅萬事萬物，蘊涵一切存有的和諧性，更可用此來了解人生。

《周易》：「易有大恒（太極），是生兩儀。兩儀生四象，四象生八卦。」《易經》以陰陽理論為基礎，同樣由「數」開啟神秘的玄機，0代表陰，1代表陽，動而生陽，靜而生陰。

太極的最初與最終，一動一靜互為其根，意味著週而復始，往復循環，《易經》也就在此確立下來。

一個事件的結束，是另一個故事的開端，連結起天地人的過去、現在、未來，當我們站遠一點來看，其實不管前方發生什麼變化、腳步如何蹣跚不穩，依然立足在運行的軌道之中。

路永遠在那裡，那麼，又何必要過於擔心？

震來虩虩，笑言啞啞，震驚百里，不喪匕鬯。——《易經・震卦》

在祭祀的時刻，突然雷聲大作，震驚百里，把一些人嚇得屁滾尿流，令虛偽和醜態無所遁形，待雷聲停止，才慢慢恢復鎮靜，整理儀容；驟響的雷鳴，也有一些人不為所動，手仍握著酒勺子，輕鬆自若，而且一滴酒水都沒有漏出來。

天有不測風雲，人有旦夕禍福，天威難測，意外難料，當災厄突然降臨，有人失魂落魄、消沉悲傷，有人卻不為動，談笑如常，這是為何？

「震為雷」，震卦所震爍出的人生百象，彷彿雷神電神往大地照擲下的驚鳴，曾做過虧心事或用心不專的人，自然容易受到驚嚇，亮晃晃的光線猶如裁決刀，劃破虛妄，使真相藏匿無處。

面對半路的雷擊，懼與不懼之間，可說懸乎一心。

由此可知，震卦揭示人的心理層面，猶如一面鏡，照出一個人的心態與涵養，同時顯映出往後的吉凶禍福。這是一種提示，也是一份警醒，未嘗不是振聾發聵的醍醐之灌。

若能因《易經》這面鏡子，照看自己而有所自省，危機反而是種祝福。

養成遇到危難之時，抱持戒慎恐懼，審慎而為的心理，當再度遭逢危急，方能臨危不亂，鎮定從容的應變處理。

「震來虩虩」表示臨危不驚，才能「笑言啞啞」輕鬆以對，儘管非一朝一夕能養成，凡人如我輩，可先由恐懼產生謹戒的心理，凡事思慮周延、準備周詳，繼而產生不懼的涵養。人遇事能懼，以至於不懼，自能學習化險為夷，順利亨通。

剛柔並濟，急緩之間取得放鬆的節奏，活得順天應地，打通身心靈相互對話的管道，也就是活出《易經》的關鍵原理。

∴導入易經花波學，翻轉身心輕靈的關鍵力量

你可以看不懂卦爻之象，卻不能不知道趨吉避禍的應對之道！

種種障礙、病痛都因阻滯而起，這時若是缺乏疏通管道，壓抑的情緒往往會把自己逼向死胡同！

《易經》歷經三古（上古、中古、近古）、四聖（伏羲、文王、周公、孔子）的集體創作，掌握了大自然變化的規律，不僅是一本卜筮吉凶的古籍，更是一本以宇宙為背景，紀錄萬事萬物運作變化的道理，蘊藉鍛心鍊性的放鬆之術。

而這放鬆之術，有賴結合「花波學」，導入自然的治癒方法，一方面舒緩神經，鬆懈深層的壓力，一方面有助排解生之險灘，死之困頓，走出虛擬的幻境，帶來真實的平靜與順遂。

隨著自然節奏而生發的植物花朵，受陽光、土壤、空氣、雨露的照拂滋養下，散發出的能量訊息，成了現象界最好的療癒師。

如果說《易經》是一份餵養心靈的神秘糧食，花波則是一份實質的智慧餽贈；結合兩者韻律將能達到相乘的平衡。針對九種人格類型，分別檢視出生命卦，即能得出專屬個人的療癒花波，啟發關鍵作用。

「閒坐小窗讀周易，不知春去幾多時。」坊間已有太多解釋《易經》的工具書，這裡所要揭示的，不完全是義理解讀，更著重在開啟思維的轉動。

一如花事，從花開到花落，人的一生也由繁盛走到蕭索，沉潛之後，再迎來另一個抽芽新生，藉著《易經》這把鍛鍊心性的鎖鑰，以及「花波學」扭動生命的對應開關，找到另一扇澄澈的大門，學自在、練放鬆、甩壓力，帶領我們解決日常的困境，也是翻轉身心，使自己輕靈的關鍵力量。

進退得圓，急緩得鬆，鬆綁自己，其實易如反掌，相信這份美好的意識覺醒，值得你我一路持續的探求。

PART 01

覺察自然，走向鬆心之路

「我是誰？這是哪裡？什麼時間？又該怎麼做？」

仰望星空，垂頭嘆息的時候，是否聽見了內心渴望的脈動？

「我是我。永在此刻此地。這麼做。」

也許，我們只是需要獲得驗證，生命一切實相與虛相，原來沒有分別。

問題的本身就是答案，能夠超越吉凶和因果的方法，不是當下的逃離，而是與不安和動盪泰然處之。

01

這人生，到處都是界？

人群中的那個人
是不是唯一映入你眼簾的事物？
看著這個世界持續旋轉著
有一個地方
我將找到
我自己

——電影《樂來樂愛你》

「我被困住了！不知道該怎麼繼續走下去？」

「生活中處處碰壁，看不清該往哪裡去？」

∴成長中的迷惘

我們都在尋找茫茫人海中的那個人，以為他能引領自己穿越迷霧，走到想去的方向，改變眼前不上不下的僵局，然而這舉動不就像瞎子摸象一般，摸到哪個部位，就以為前方是什麼形狀、夢想是什麼模樣、路標指向什麼地方，卻忘了問問自己，為什麼讓一頭虛妄的「象」決定了自己的去路，還爭先恐後地前仆後繼？

直到最後走入死胡同，找不到出路，孤立無援的時刻，才驚覺自己的愚昧？

回看《易經》，早已用「乾」「坤」演繹生命的實相——上有天，下有地，人生活在天地之間，應不只是求取三餐溫飽而已，更要為了讓天賦發光而不斷努力。

傳說炎黃之祖、三皇之一的伏羲，取自然界的各種現象——天、地、水、火、雷、風、山、澤，一畫開天，創無字天書，造先天八卦，開《易經》學說之先河。

「⚊」為陽爻，「⚋」為陰爻，據此陰陽畫記的延伸，乾（☰），三爻全陽，屬天體恆動之象；坤（☷）三爻全陰，屬大地恆靜之象。動則生陽，靜則生陰，天動而地靜，變動不居且自成循環，在變異之中取得定位，為中醫學和養生學奠下根基，同時蘊含著人生應對進退的真理。

「但是，我還是不明白，為什麼《易經》可以帶我們找到答案？」

「它不是給予答案，而是帶你看見事情的本貌！」

《易經》：「一陰一陽之謂道。」《莊子．天下篇》：「易以道陰陽。」正指出宇宙萬事萬物充滿著變動性，藉著天體間太陽（陽）、月亮（陰）的運作，構成兩個既對立又互為依存的矛盾關係。

透過陰爻、陽爻的生變，反應出消長轉化的動態平衡，一如要我們覺察自然，生命的種種搖擺與動盪，都是一件再自然不過的事，它不僅可作為日常養生的最高指導原則，也作為安身立命、修心養性之道。

所以，面對高牆林立的人生困局，不用糾結，毋須迷惑，「時止則止，時行則行，動靜不失其時，其道光明。」站在風雨飄搖的浪頭上，求得解脫，認清自己所處的位置，其實是解開思慮中的困境；所謂困境，大部份是思考上的限制。

很多人懂了限制所在，會往靈性上面追求，希望能掙脫束縛，但是多數人透過各種不同功法，努力進修，通常還是很難掙脫束縛，甚至對未來產生懷疑、恐懼。

這一切源於人類迷惑於感官上的一切。

∴進取心的困頓

天行健，君子以自強不息。——乾卦・象傳

首先，我們談談上進心的困惑。

時代的河水不停向前奔流，激越出許多人的雄心壯志，但想有多少隻河中鯉魚能成功躍過龍門，騰飛升天，從此平步青雲？

如果時機不對、羽毛未豐，就妄想一躍飛騰，是不是很有可能踩在雲端上走幾步，便重心不穩，掉進懸崖？

《易經》中「潛龍勿用，陽在下也。」此時應該先收斂鋒芒，涵蓄以養深，切勿貿然躁進。大隱隱於市，持續潛修，把自己內在整頓好了，剩下的就等待時機。

「太公釣魚，願者上鉤。」一名樵夫見到姜子牙獨坐渭水之上，釣魚用直魚鉤、不放魚餌，還離水面三尺之遠，於是不免調侃著說：「犯傻了嗎？別說三年，就是一百年，你也釣不著一條啊！」姜子牙淡淡回應：「我寧願在直中取，而不向曲中求。」

「直中取」，講的是光明正大的採取，「不向曲中求」，不採邪道歪門的手段圖謀。

世間的冷言冷語不會少，只能自強不息，進德修業之外，還要努力不懈，果然「見龍在田，利見大人」，在垂釣蟄伏之間，機會慢慢成熟，潛候多時，當釣鉤一舉，姜太公受到周文王的看重，禮遇招攬為用，「飛龍在天，利見大人」，此刻盡情展翅奔放，發揮才能，成為興邦立國的得力賢臣。

雲從龍，風從虎，時勢造英雄，英雄應時勢，於是一呼百應，成了萬人之上。

然而，「亢龍有悔，盈不可久」，若是自恃甚高，聽不見且看不見旁人的懇切建言，在眼前的功業上沾沾自喜，脫離現實，悖離民意，自然無法在勝利的寶座上安穩久坐。

《易經》告訴我們：「君子終日乾乾，夕惕若，厲，無咎。」時時反省、惕勵自己，在人生的長路上，持續修正行為，調整方向，就能遠避危難。

曾子有言：「吾日三省吾身：為人謀而不忠乎？與朋友交而不信乎？傳不習乎？」

每天詢問自己的三件事，第一：工作辦事時，是否有不夠盡心、不夠周全的地方？第二：和朋友交往時，是否失了誠信，只圖自己利益？三：師長傳授教導的功課，是否有好好溫習應用？

時代流轉，當我們如今回頭再看這些古老經籍，不管是《易經》或《論語》的智慧語彙，裡頭所暗藏的人生哲理、思想辯證，小至個人飲食、修身，大至開業、興國，猶如漂流大海中的一道指路燈，探照出航行的方向，掌穩前舵，不僅可幫忙解除許多疑惑，還能讓自己在爭執紛亂中，不受陷落。

難怪古希臘智者蘇格拉底會說：「我比別人多知道的一點，在於知道自己的無知。」

所以，阻在眼前的這條死胡同，欲尋無路、孤立無援，難道不是自己所造的「界」嗎？

當我們說，這人生到處都是界！

其實，說的也是自己扭曲變形的「心界」。

我們沒有打開門，讓風流進來、讓雲飄進來，無法流動的水澤，最終只會變成一攤靜止發臭的沼澤。

如果在平行宇宙之下，姜太公獨坐在淡水河垂釣，你想，他會有哪些裝備？是否會引來一陣朝拜式的喧嘩？一個奇人異士做的傻事，又會被持續八卦多久？以上，當然是有趣的假設題，也許在不能公開釣魚的淡水河，最後會被請去警察局吧。

不過，可以知道的是，他手上只會有一根做做樣子的釣竿，上頭沒有彎鉤、沒有餌，更不會有魚。

這是為什麼？正因場景放到今時今日，時機未到，什麼都得不到。

但一顆自由如風的心，隨著局勢變化，放在哪裡，都能夠化險為夷，轉危為安。

所以，當我們感官中形形色色的念頭，驅使我們追求上進，過程中，所有的困境可以說都是一個結界。善用易經卦象，在各種歷程中，不要過度偏重歸納、分析、投射的結果，正因所有念頭、字眼都會被渲染、擴大而詮釋。

這些狹窄的運作，就會把自己打入侷限的範疇。

當你再次聽那歌聲在腦海中唱著：

你的目標就只是在人群中找尋貴人嗎？

你只是靜止不動地看著世界繼續運行嗎？

我相信有個地方能讓我了解自己想成為什麼樣的人

我會在那裡等著被人發掘⋯⋯

眼前的難題，只是順逆消長過程中的一個小逗點，就像蝌蚪甩著尾巴，抖動身軀，用力衝破界限，下一秒展開蛻變的奇幻之旅？

如果你就是那個準備被看到的人，何妨再等一下下，檢查自己的裝備，竿在哪裡，鉤在何處，餌到了嗎？魚也就不遠了。

知「易」不壓抑的自己

認識自己，找回自己，走到定位點！

古希臘天文學家阿基米德：「給我一個支點，我可以舉起整個地球。」如今我們可以這樣說：「找到理解《易經》的支點，就可以一百八十度扭轉局勢！」

自伏羲一畫開天以來，開啟了八卦的神秘圖騰——乾（天）、坤（地）、震（雷）、巽（風）、坎（水）、離（火）、艮（山）、兌（澤），從此《易經》成為卜筮吉凶的智者天書，言有盡而意無窮，全靠個人修習和心領神會。

生命總有順逆，一如自然界的消長轉化，最後歸於一種動態平衡。走在對的方向很值得開心，迷路也不是件壞事，認識自己，找回自己，就能走到定位點，蟄伏沉潛，再次乘風而起。

說「易」☯ 易經白話釋義

一陰一陽之謂道。

天行健，君子以自強不息。
（乾卦·象傳）

潛龍勿用，陽在下也。
（乾卦·象傳）

「⚊」為陽爻，「⚋」為陰爻，兩儀生四象，四象生八卦，據此陰陽卦畫交錯而成六十四卦，六十四卦則以六爻和六位為基礎，衍生出三百八十四爻的爻辭；動則生陽，靜則生陰，天動而地靜，變動不居且自成循環，在變異之中取得定位。透過陰爻、陽爻的生變，反應出消長轉化的動態平衡，一如要我們覺察自然，生命的種種搖擺與動盪，都是一件再自然不過的事，它不僅可作為日常養生的最高指導原則，也作為安身立命、修心養性之道。

天體運行，周而復始，永無止息，做人處事更應效法天道的剛健不已。

除了進德修業之外，還要積極努力、奮發不懈。

凡事等待時機，不躁進、不躁動，先收斂鋒芒，涵蓄以養深，好好的養精蓄銳，把自己內在整頓好了，等待水到渠成。

亢龍有悔，盈不可久也。（乾卦・象傳）

若是自恃甚高，聽不見且看不見旁人的懇切建言，在眼前的功業上沾沾自喜，脫離現實，悖離民意，自然無法在勝利的寶座上安穩久坐。

君子終日乾乾，夕惕若，厲，無咎。（乾卦）

時時反省、惕勵自己，在人生的長路上，持續修正行為，調整方向，就能遠避危難。

雖然一時遇到挫折和阻礙，秉持信念，持續精進前行，終能化險為夷。

飛龍在天，利見大人（乾卦）

遊龍自在飛翔於天空，象徵理想獲得抒發、工作得到賞識，因緣匯聚，貴人助益，應積極主動，多多拜訪有賢德、有能力的人才。

02

打結的時候，
是念頭的幻覺

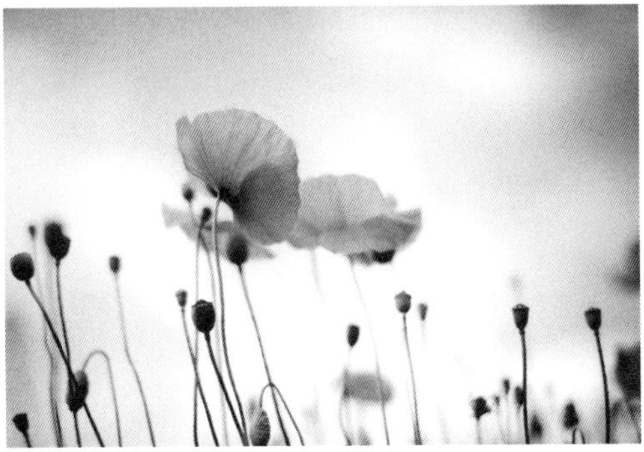

「你不要幫我做這件事，這樣讓我很困擾耶！」
「我是為你好，你怎麼一點也不領情？」

當你主動為別人額外做一些事，
得不到一句感謝之外，
還引爆出更多埋怨，到底是什麼原因？

當你試圖用愛的名義綁住關係，究竟是你綁住了人，還是任由自己綁住自己？

∴人生的痛苦，來自追求

比起刻意向人索討，單純付出總是快樂得多，用更淺白的話來說，就是在沒有利益的前提之下，願意幫自己所在意的人做某些事，而不求任何報償。

不過，這樣的心甘情願，若是用錯方法，或是在不適當的時間點，可能造成他人的痛苦而不自知：「你做的這些，我根本不需要。」「拜託你，請不要再這樣了！」還讓人誤以為居心叵測。

而且，某些時候，我們做的那些事，確實帶有隱隱約約的目的性，也許是想討別人的喜歡、獲得關注，也許只是希望趕快看到通力合作的成果。不過，要是別人趁機抓住這一點，繼續要求更多，甚至超出了你的負荷時，又該怎麼辦？

原來，這才是雙方痛苦的開始。

試著看看以下情節，是否感到似曾相識？

「你來幫幫我啊？這裡快忙不過來了。把垃圾拿出去、會議桌上放茶水，順便買幾杯咖啡……」

「唉，動作流利一點，以前還挺勤快的，現在怎麼慢吞吞……」

「昨天下班前請你幫忙整理的表單，做好了嗎？待會主管要看耶！」

「你不知道上級這麼器重你嗎？這樣做，是為你好！」

那些原本屬於其他人的責任，一下子因為你的善意承擔，竟然通通成了推託不掉的責任，當然要是出事了，這些黑鍋，也就要由你自己來扛。

一開始的好意，竟成了白天黑夜折磨自己的噩夢。事情會演變成這樣，說起來，是因為做得太多？還是做得太少？還是心理潛意識的討好作祟？

盥而不薦，有孚顒若。——觀卦．象傳

《易經》說道，祭祀儀式展開之前得先潔淨雙手，抱持恭敬的心，才能開始舀酒灑地敬天。恭敬在前，祭天在後，那份虔敬專一的心念，正是祭祀的關鍵所在。

做了哪些事、不做哪些事，並非完全不重要，更重要的是，做事的態度。

人類一出生，自小就要學習各種技能，像是吃飯、遊戲、識字等。從嬰兒期開始，父母的教育、家庭的制約，反映了原生家庭的教養方式、情感交流等，以及種種價值觀的建立。

家庭的規劃與栽培，就像種子落地生根，對於孩子的未來藍圖和規畫，可說從小就被定義了；等到求學階段，學校又有另一套更完整的學習體系。進入就業環境，繼續接受大環境的要求和期待，也接受更多來自外在對自己的評判。

為了達成未來的目標，一切短期的需求都被要求犧牲。

尤其有了親密關係後，我們不光對自己，也對另一半投射期望值；多數人認為透過所愛的人，建立圓融的關係，就會得到所謂圓滿的一切。

綜觀由生到老，人在原生家庭、外在環境的影響之下，不知不覺中，家庭、社會的束縛竟變得牢不可破。

因為人類經過長久學習，學習經驗的面向，往往讓自己陷於腦中的念頭境遇裡，也因而引發情緒的連鎖反應。

由念頭所引發的情緒，不光對我們造成衝擊，而且多數人的念頭，往往落入恐慌、憤怒、忌妒、傷感等負面的信息。

換言之，負面信息往往左右了我們身體的感受。把念頭當作真實的境況，無異是思慮的結界了。

破除思慮結界最好的方式，就是重新樹立自己的形象，當我們和他人應對時，拿出莊重誠敬的態度，使人感受到那份真心誠意，展現內在的本質。

凡事不宜輕率下判斷，也不該由別人替你做決定，對於承接的事物，審視自我的能力後，該拒絕的時候，就勇敢拒絕吧，如此才能做得心安理得，沒有過失，也沒有對不起誰。

∴ 感情打結的時候，記得鬆綁

「當你凝視深淵時，深淵也在凝視著你。」一切就像尼采所說，當我們假愛之名綁住關係，關係也反過來綁住了我們，不只讓彼此陷入深淵無法自拔，在戰鬥攻防的過程中，我們也莫名成了一頭可怕的怪物。

感情上，錯誤表達關愛的方式，就像是潛進深海中，卻只有一支氧氣瓶，讓來讓去或爭來搶去的結果，雙方都無法好好呼吸，等到氧氣耗盡，兩人將回不到原初美好的期盼。

我們再繼續看陷於深海中的兩個人。

那個張牙舞爪、大口噴氣的臉孔，是否為我們惱怒時的模樣？

那個急著扯下對方的呼吸器，不顧他人死活、踩著往上爬的態勢，不免感到熟悉？

那個即將滅頂、意志消沉的畫面，是否為期待落空、夢想幻滅的樣子？

《易經》說：「觀其生，君子無咎。」從觀察別人的行為中看見自己，工作上如此，與人交往的關係上，也可以這麼看。

只是不免要問：本來抱持期待的關係，怎會成了一場你死我活的生存爭鬥？

人際的相處上，我們都可能因為過度關心或過度冷漠，而讓維繫情感的那條線，有時緊繃，有時疏離，無法建立起共同互信的正面情誼。

因此，當我們在想為什麼只剩下一支氧氣瓶時，是不是兩支就沒有問題？應該更往前追溯，找到問題的核心，為什麼會潛入深海？又為什麼腳上像是被誰綁住了鉛塊，掙脫不開？

在你試圖用愛的名義綁住關係，就等於主動繫上鉛塊，此後，不管做了什麼，雙方的一舉一動，都將牽動著彼此的情緒，加速氧氣的消耗。

原來，讓自己急於沉入這場深淵的，不是別人，正是你自己。

「觀卦」上為風、下為地，風行於土，順從自然之道，就能風行草偃。同聲相應，同氣相求，卸下加諸於身上的種種束縛，也才能自在優游。

每天睜開眼，一天的生活，就開始依序在做不同的抉擇。每一個瞬間的選擇——要或不要，得或失，都是兩難的癥結。

即使什麼事都沒發生，但一通未知的電話、一個模糊的應答，仍然會讓我們慣性的心頭一緊，眉頭一縮，甚至思慮較深的人，就被無力感佔據了整個身心。

因此，當遇到情感打結的時候，記得幫心鬆綁，唯有鬆綁，才有迴身的空間，這是生命療癒的圓融態度。

知「易」不壓抑的自己

做了哪些事、不做哪些事，是念頭在指揮對錯。更重要的是，每個人存在進退的行為，都受制於社會累積的制約，沒有人說，多付出的一定會得到好的補償，也沒有定論愛的天平比重的價值。所以，身在感情的困境裡，誰可以責備誰？誰又有資格論斷你呢？當我們和他人應對時，拿出莊重誠敬的態度，使人感受到那份真心誠意，展現內在的本質。

如此一來，可以做得心安理得，沒有過失，才能真正鬆綁自己的情緒。人生的故事，通常就是不滿足，再加上悲傷，就算是愛情的私領域，即便讓人一帆風順，也免不了心頭上一抹白玫瑰的芬芳，而心煩意亂。所以，愛情的困頓在情緒催化下，特別容易被擴大渲染，結果讓最初單純的意識不見了。因此，《易經》說的「君子無咎」，就是教人看清自我，鬆綁自己的頭腦和情緒。

說「易」◎易經白話釋義

盥而不薦，有孚顒若。（觀卦．象傳）

觀其生，君子無咎。（觀卦）

祭祀儀式展開之前得先潔淨雙手，抱持恭敬的心，才能開始舀酒灑地敬天。恭敬在前，祭天在後，那份虔敬專一的心念，正是祭祀的關鍵所在。

做了哪些事、不做哪些事，並非完全不重要，更重要的是，做事的態度是否真心誠意。

「觀卦」上為風、下為地，風行於土，順從自然之道，就能風行草偃。同聲相應，同氣相求，卸下加諸於身上的種種束縛，也才能自在優游。

從觀察別人的行為中看見自己，工作上如此，與人交往的關係上，也可以這麼看，時時留意自己的作為，就能無災無難。

03

情緒
綁架你了嗎？

這樣的事真不錯，可以實現的話更好，
那個夢想，這個夢想，雖然有好多好多，
有人全部全部全部都幫我實現，
用神奇的口袋，幫我實現

——卡通《哆啦 A 夢》主題曲

卡通中的大雄遇到麻煩事，只會哭找哆啦A夢，一哭，就有人幫他把問題解決。如果不細究角色的挫折容忍度，會覺得這真是既可愛又充滿想像力（善解人意）的故事。

但是，真實世界確實有很多「大雄」，卻沒有一個萬能的「哆啦A夢」……

∴用情緒綁架別人，卻誤了自己

靜敏，個性一如姓名，安靜又敏慧的女孩子。

原本安安靜靜的一個人，剪著齊眉髮型，對人和善，喜歡小貓小狗，看起來人畜無害的模樣，還是長官欽定的主管人選，照理說人緣應該很好。但事實卻非如此。

安靜的她，對於自己不感興趣的事，像團體聚會，參與度不高，團隊訓練時，投注力不高，還喜歡默默放冷箭，時常澆了伙伴們一頭冷水。遇到感興趣的主題，聲音不大，指使氣場卻異常強大，「最好的方式只有這樣，難道你們有比我更好的想法？誰可以承擔失敗的後果？」逼迫大家朝自己的觀點前進，否則將看見原已清冷的一張臉浮出稜角，團隊合作的氣氛也跟著降到冰點，最後只好妥協。

但是她的外在發言形象，讓不明就裡的上級，誤以為：「靜敏是個乖巧、有主見的同儕！」

你可以說，她很聰明，善用自己的人格特質，才能在團體中被看見，用溫柔但堅硬的手段爭取自己的利益，當了幹部、拿了獎勵，倒也無可厚非。

不過，轟轟烈烈的火燒情緒，放肆燒了一陣之後，終會熄滅，久而久之，這種情緒不知不覺中毒害了自己，也讓同事避之大吉。

同人於野，亨。利涉大川，利君子貞。——同仁卦．象傳

《易經》提到，人與人的交往，唯有心胸曠達，大公無私才得長久。

如此，在上下一心合力之下，渡過一條湍急險惡的大川，才不成問題。反之，在群體中與人格格不入，積怨日深，最後只會讓彼此越走越遠。

當我們進入社會，最常見的情緒綁架，癥結往往來自人與人相處的制約。

《易經》裡的「利涉大川，利君子貞」，讓我們看透外在的種種行為，就是自己不臻滿意的「點」，其實不用太在意。因為大部份投射於人類的集體制約，大多容易引起反彈。

心胸思慮的豁達開放，自能不受限於生活的框架，對於他人的指指點點，甚至蠻橫的態度，都可以解開念頭運作的糾結，別人的情緒也就綁架不了自己了。

一旦看清事實，體認問題的存在，不作無謂的抵抗，不抗拒就會活得輕鬆自在，涉大川則如履平地。

∴我是自己嗎？

「你為什麼不像他……？」

我們可能在不同場合聽見，由不同對象說出這樣的發語詞。

說話的人也許是想表達：「你也可以做得到！」「你應該表現更好！」卻忽略了這句話背後的否定意義，潛台詞可能是：「你不夠好！甚至糟透了。」「我很失望……」

如果說的人是不熟的朋友也就罷了，但往往都是你以為最了解自己的家人！

「我會說謊，都是學你的！」一個犯錯的男孩對父親說。

「妳和爸爸不是高中就在一起了嗎？」一個偷嚐禁果的女孩對母親說。

這樣挑釁的回話，想來只會換來更多的責罵：「你／妳這樣，到底是像誰？」「早知道在一出生，就掐死你／妳！」無形中，雙方拋出繩索綁著彼此，折磨著彼此。

但是，「我為什麼要像你或像他？」

對啊，我們不是誰的複製人，「我不像誰，但是我是自己嗎？」

為什麼家人或上級，都會投射比較層次的人物來砥礪我們，口裡卻說尊重我們？實際上從成績、社經、階級上，往往被論斤秤兩，甚至自己不免也用外在的價值觀評論自己的成敗。

外在空間的靠近，不代表心理空間上的親近。

家庭，是門永遠修不完的功課。

親人之間，又遠又近的爭執，因為小時候住得夠近，所以對成長的影響最為巨大，以為長大後離得遠，就可以逃脫情緒的綁架，然而切不斷的家族關係卻一再牽動你的人生劇情。

假裝沒事，置之不理，問題依然在那裡。

《易經》提到：「閑有家，悔亡。」儘管家的成員組成益發多元，但家仍朝向一個溫暖的方位，提供遮風避雨、療傷休息的所在。這樣的共識，在於包容、體諒、信任、協助和關愛。如此，家風成立，儘管因觀念不同而時有口角，也能很快消散，找到各退一步，互相融合的方式。

人是群體動物，很難離群索居，所以家的象徵位置，牢牢深植於人的追求目標。尤其數千年的儒家思想，傳達出人要在社會中有自己的角色定位；這個定位、身分就框住了我們。

但是家和念頭都是無常的。

任何物質或生命體，包括念頭，都是變化萬千的。就是壯麗山河，也有滄海桑田的一天，更何況家的組成是人，人有生有滅，旦夕禍福的變異，更是無常的定律。

沒有永恆存在的人生答案。

從因果所衍生的，有欣欣向榮的生，也會有蕭瑟凋敝的滅亡。

所以，個人和家庭，不可能衍生永恆的存在。

一旦外求永恆，就不可能靠得住。

這些觀念可以套用於個人、家庭的存在，進一步講——就是空，實際上他們都存在過，這一切，用有限的語言或邏輯都無法描述。

但是生命的意識，正是個輕鬆的知覺罷了，不受限任何條件。它是永恆、絕對的存在，所有的空和有，都是念頭的現象，這也是人類修行過程中，所要面對的矛盾情懷。

其實，這個矛盾是可以解開的。

一般人想不到的是，「有」本身即是「空」，也就是說，「有」也蘊含著「沒有」。有趣的是，「空」「有」同時可以並存，只是因為人們一向偏愛陷入二元對立的邏輯裡頭，才會生出種種困惑。

《易經》家人卦說的正是治家之道，當中提到「閑有家，志未變也」，「閑」可以理解為門鎖、門閂，防備裡面有著愛，愛裡面有著規範。當大門打開，為了迎接歸來的人，當關上大門，也是為了保護裡頭的人。

一開一關，這兩者其實沒有矛盾，眼前的狀態改變了，但「志未變」，人在、人不在，但心中的家永遠都在。

知「易」不壓抑的自己

讓自己成熟，找到同心努力的方向！

你的情緒，曾經綁架了誰？哭鬧是一種，憤怒飆罵是一種，冷戰也是一種。

當我們以為用計得逞，卻不知道那一端綁了別人，這一端則綁了自己，可怕的贖金是愛與信任的瓦解，結果則是兩敗俱傷。

家，一個遮風避雨、療傷休息的所在。家人，建立在包容、體諒、信任、協助和關愛之上。如此，儘管因觀念不同而有口角，也能很快消散，找到相親相近，互相融合的方式。

同人於野，亨。利涉大川，利君子貞。（同仁卦・象傳）

閑有家，悔亡。（家人卦）

和別人約在野外相見，抱持大公無私的態度，就能免於災難。人與人的交往也是如此，唯有心胸曠達，大公無私才得長久。心胸思慮的豁達開放，自能不受限於生活的框架，對於他人的指指點點，甚至蠻橫的態度，都可以解開念頭運作的糾結。這樣一來，在上下一心合力之下，渡過一條湍急險惡的大川，才不成問題。反之，在群體中與人格格不入，積怨日深，最後只會讓彼此越走越遠。

人是群體動物，難以離群索居，所以家的象徵位置，牢牢深植於人的追求目標。

儘管家的成員組成益發多元，但家仍朝向一個溫暖的方位，提供遮風避雨、療傷休息的所在。這樣的共識，在於包容、體諒、信任、協助和關愛。如此，家風成立，儘管因觀念不同而時有口角，也能很快消散，找到各退一步，互相融合的方式。

閑有家，志未變也。
（家人卦・象傳）

數千年的儒家思想的影響之下，傳達出人要在社會中有自己的角色定位；然而這個定位、身分在無形中牢牢框住了我們。

《易經》家人卦說的正是治家之道，當中提到「閑有家，志未變也」，「閑」可以理解為門鎖、門閂，防備裡面有著愛，愛裡面有著規範。當大門打開，為了迎接歸來的人，當關上大門，也是為了保護裡頭的人。

一開一闔，這兩者其實沒有矛盾，眼前的狀態改變了，但「志未變」，人在、人不在，但心中的家永遠都在。

04

恐懼，全是因為想太多

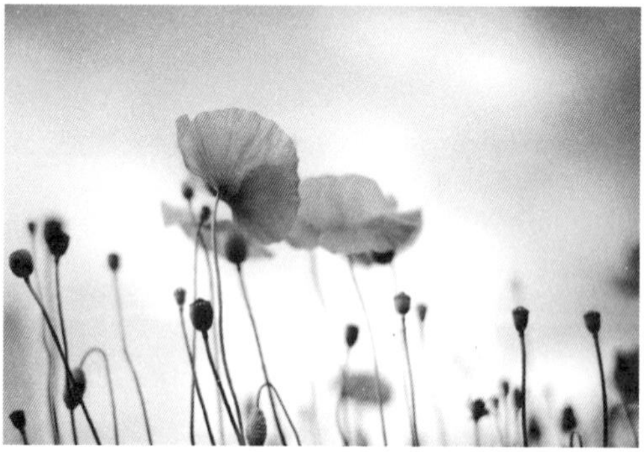

我們是空心人
我們是被填滿的人
我們依偎在一塊
腦袋塞滿了稻草，唉！
——T·S·艾略特〈空心人〉

是什麼原因，讓一個人變得「空心」？「空心」又是如何侵蝕一個人的自信？詩人艾略特藉由「腦袋塞滿雜草」比喻生活的空虛與絕望，彷彿在說太多的恐懼、太少的快樂，將使生命變得漫長而索然無味……

∴不快樂，到底是誰的錯？

有人說，地獄不在哪裡，而在心中的恐懼。

而內心裝進太多恐懼的人，是不容易感到快樂的。

恐懼是人的本能，相對的，就是希望有平安，平安是一種內在深沉的寧靜，感受到「輕鬆存在」的狀態。

大部分的人都以為平安是尋求來的，要透過種種的追求才可以達成，或是藉由種種的練習來到這個結果，實際上，平安是一種境界，它跟你任何的作為都沒有相關連，它跟外在環境的條件也沒有關係。

換言之，在外在的環境裡面，你找不到平安，因為平安是你內心寧靜的投射，內心的寧靜是一種完全包容當下的種種變化，不再對它們有任何的抵抗或是對立，所以平安是透過全方位的接受、容納、放下，自然得來的呈現。

人的本性本來就寧靜，所以當我們面對恐懼的時候，去思考當下恐懼，那個細微對恐懼的痛苦、壓抑、無奈，或悲傷，對我們的情緒上帶來立即的變化。

恐懼的另一面，就是不恐懼，不恐懼才能得到內心的平安。

所以當我們恐懼的時刻，馬上去細想當下的「這個恐懼」到底在恐懼什麼？是恐懼外在環境的變遷，或婚姻上有出現問題，或財務上有了狀況，或是遇到種種突如其來的逆境，因而造成內心生出恐懼？

但是回歸前面所提到的，這些其實都是你的念想在作祟。

不恐懼是因為你接受了，所以你就放下，這樣聽起來也許有點玄妙，但是在《易經》裡面，有非常多描述所謂「禍福相倚」的內容，當禍來臨的時候，其實福也跟著過來，只是你沒有察覺。

有的時候，你覺得非常的幸福，但是你沒有想過，「空」其實也就在旁邊等待。

所以，一個人只要內心能夠平安，他的生命就會脫胎換骨，命運也跟著隨之轉變。

你也許納悶：「這是為什麼？」因為內心的寧靜，加上自認的平安，就會發現生命不管是順或是不順，都是自己念頭所投射出來的，因此在那一瞬間，沒有順或不順，當你能全然去接受，隨著業力的推展，現象看似沒有改變，它仍然立在那裡，困境還是存在，但是你的念頭轉變了，恐懼也就沒有了，無所畏懼帶來寧靜，平安當下就來臨。

我有一位喜歡爬山的好朋友，說起來她不只是喜歡而已，更到了熱愛的程度。她曾說：「如果為了登山這件事，要我辭職也行！」

枯坐辦公桌的工作，已經澆熄熱情。

只有在每次走進大山的懷抱中，才有重新活過來的感受。

人類的渺小，自然的偉大，一股油然而生的敬畏感，彷彿有股聲音在說著：「今天你來不了，沒關係，但是你來了，會很不一樣。」果真，一趟的踏山之行，都像是一次充電，找回最初滿滿能量的自己，促使她再次踏上旅途，無懼前行。

這聽起來似乎很不可思議，但這是真的，而且她做到了，最後還成為登山領隊。勇敢的冒險，使她快樂，使她的心永保年輕。

一度被稱為世界最快樂的國家——不丹，我以為，人們之所以快樂，應該是因為簡單。

這座喜馬拉雅山下的香格里拉，生活的物欲條件很低，只要有田有房就安然知足，敬天愛人的信仰，使他們習慣在不傷害自然生態的情況下，與大地共存。

一份簡單的信仰，竟是不丹登上「全球快樂排行榜」的關鍵秘密。

也許你會說：世上沒有絕對快樂的國家！

總是會有人會因一些小事爭執、難過吧。

沒錯，我們都有短暫低潮的時刻。

世上也沒有不生憂愁的地方。

但我們可以試著少一點爭執，多一點快樂。

在物質清單上，劃掉一些不必要的物品，在心靈櫥窗上，加上一點自然的彩色。

《象》曰：初六鳴豫，志窮凶也。——豫卦

《易經》告誡人們，過去的自己，可能想要這個，想要那個……。過度放縱、不知節制的結果，總是會壞了事。

渴望越多，煩惱就越多；煩惱越多，腦袋瓜中就沒有快樂可容身的空間。

∴ 承認吧，我們都害怕輸的感覺

《一代宗師》老師傅提醒氣焰強盛的弟子：「你知道為什麼刀得有鞘？因為刀的真義，不在殺，在藏。」

但一個年輕氣盛、急功好利的弟子，怎麼可能聽得進去，還來不及開竅，充滿銳氣的刀劍就刺了上去，最後成不了面子，也做不了裡子，可說是徹頭徹尾的裡外皆輸。

我們有時是否也像這樣，憑著一股不服輸的感覺，不懂收斂鋒芒，只想往前衝撞？

人生也是一個江湖，每種行業別都是一個門派，想要在一個門派習得高深的功力，沒有花上幾年功夫，不夠深入的結果，最後只能夠學到皮毛而已。

古人說：十年磨一劍。成功絕無速成之法，我們可能常常刀還沒磨利，就急著衝出去，結果當然是被追砍著跑回來，那種羞愧的心情，可以說把經年累月建立起的自信心都賠掉了。

這時，如果發心懺悔，願意打掉重來，從頭開始好好練功，未來還是大有可為。各屆比武大賽上，人人都想爭第一，有很多人輸，只會有一個人贏。

「習武之人有三個階段：見自己，見天地，見眾生。」但《一代宗師》卻提點了我們，重點在輸贏之外。

見自己，知道自己的強與弱，承認不足，才能夠虛心受教，不再意氣用事。見天地，登泰山而小天下，開闊心眼，拉高境界，明白天外有天，人外有人。見眾生，心中無我，苦人所苦，也就願意提攜後進，帶著傳承和啟發，薪火相續。

承認吧，我們都害怕輸的感覺，那麼就進一步談談「輸」的感覺。因為不喜歡服輸，相對地就想要爭贏，想贏就要投入更多的心力、邁開更大的步伐，腦袋彷彿受到制約一般，聽到關鍵字便做出反應，讓自己陷入「苦大於樂」的迴圈。

輸並不意味著失敗，輸只是心裡的對立感作祟，我們一直在說「活在當下」，就是要認知到當下的感覺：「這真的是輸了嗎？」「這是你贏了嗎？」「輸的感覺如何？真的這麼沮喪嗎？沮喪的感覺又如何？」

儘管一時之間總難以接受，但唯有輸，才讓我們突然驚醒，原來以前都做錯了，為什麼錯？錯失了哪個環節？漏聽了哪個步驟？從而有了改變的起點。

生命一直處在輪迴當中，是因為我們還是制約在原來認知裡頭，所以一旦心裡沒有「輸」或「贏」的感覺，對於「輸」跟「贏」就不會這麼的執著。

你也許會問：「不害怕輸，也不追求贏，這樣說起來，人生不就失去了目的性？」

可是有沒有想過，這都是一個過程，好好地活在當下，當你盡了一切的努力，外在環境卻判定你輸了，沒有關係，因為心中可以跳脫輸贏的糾結，當外在的環境覺得你贏了，舉起獎盃受人歡呼，但是你心裡面一樣的平靜，因為你還是原來的那個你啊！

《易經》：「豫，利建侯、行師。」準備齊全之後，就應該懷抱喜樂之心，面對一切只需要順其自然。輸和贏可說一體兩面，我們也許不一定非得建功立業，但一定要建立堅毅的自己。

這樣的體認讓人放鬆而舒暢，既然生命無常，怎麼知道這一刻是贏，下一刻不會是輸？如此一來，就能不再糾結於輸贏的框架，走出「現況的境」。

那麼跟著「現況的境」走的時候，什麼是不動的？只有自己的思慮，自己原來的自我。

把我抽離了，就沒有所謂的輸贏，認知到輸贏並非永恆的存在，也就沒有永遠的完美。

生命的本質，已是永恆的完美。

於是，擺脫對輸和贏的強烈羈絆，便不再需要拘泥在財富的多寡，或物質的豐足，人間種種的扭曲不快、不圓滿、不滿足、悲哀陰暗，終將遠離而去。

現代自我心理學之父阿德勒（Alfred Adler）也說：「你的不幸都是自己選擇的結果。」於是，當你從挫敗中昇華，將自己裝備妥善，在生活中找到快樂之道，自然而然就不那麼在意輸贏，害怕恐懼這件事。

知「易」不壓抑的自己

找到鼓舞自己的前進力量！

如果你還問：不快樂，到底是誰的錯？

這一切，不在誰對誰錯，全都因為想太多。

有時候我們會認為自己做不到，做不到放下和接受，但是這一些其實是可以透過練習而來。當你願意真正地接受所有的不完美、所有的不愉快、所有的痛苦和恐懼，掌握這一個當下，讓自己去認知「痛苦真的這麼痛苦嗎？」「痛苦的感受是怎樣？」「心裡抽痛嗎？」「無法言喻嗎？」隨著感受的流動，把自己完全抽空。

生活的空虛和絕望，讓人感到「空心」，裹足不前，甚至也澆熄改變的動力。

如果在沉潛自省的時候，透過練習，練習自己對生命、對自我的覺知，進而把自己慢慢填充成「實心」狀態，除了找回自信，也能重新找回快樂的自己。

豫，利建侯、行師。（豫卦）

初六鳴豫，志窮凶也。
（豫卦・象傳）

「生於憂患，死於安樂。」寬裕有餘之時，也要懷抱未雨綢繆的心情，避免怠惰或放縱享樂。

當自己準備齊全，抱持喜樂之心，往理想之路邁進，過程中會得到眾人幫忙相助，順勢而為，一切將水到渠成。

若是自己心意不堅定，能想要這個，想要那個……，而且過度放縱，縱情享受而不知節制的結果，將會壞了事，使自己走上凶險的地步。

渴望越多，煩惱就越多；煩惱越多，腦袋瓜中就沒有快樂可容身的空間。

05

關於
活下去的理由

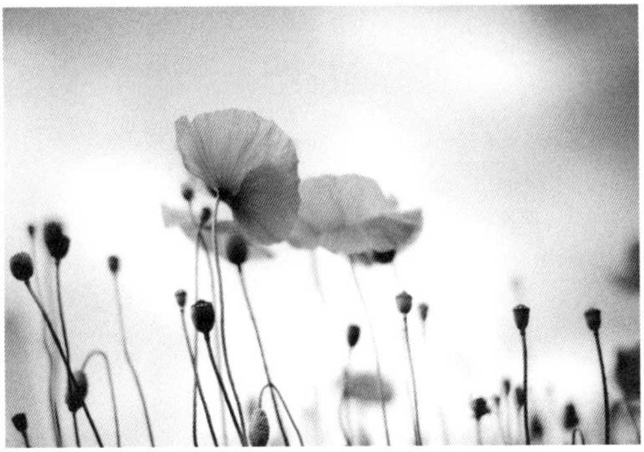

「我再也不想活了唉！」
戀情不順的男大生，站在夜景的至高處，
流著淚，喃喃自語著。
投資失利的大老闆，面臨工廠倒閉、妻離子散，
心灰意冷的他打算燒炭自殺。

「不要過來，你們都不了解我，我什麼都沒有了，再過來，我就跳下去……」

一名受騙的熟女半掛在商業大樓的邊緣，甩著酒瓶，作勢往下跳。

天色暗了下來，萬家燈火升起，有多少盞燈被點燃，就有多少心房需要被撫慰……

∴人生實苦，但苦海真的無邊無際？

家家有本難念的經，人人都有難以跨過的門檻，既然跨不過去，為什麼不繞路走？

當刺蝟遇到威脅時，會瞬間縮成一團，把全身的刺朝向敵人，遇到威脅的你，會用什麼來武裝自己？

號稱地球上最堅強的不死生物——水熊蟲，是一種無脊椎的緩步動物，大小只有一釐米內，由於蜷縮成桶狀，因而外型看起來像隻可愛的迷你熊，生命力極其強韌，凍不死、壓不扁，就連輻射也奈何不了牠，在任何險惡的環境之下，甚至是外太空，都能藉由脫水休眠而安然無恙。

存活下來可說是動物的本能，那麼，擁有高度智慧的人類，為什麼經常有活不下去的念頭？

你說，因為找不到活著更好的理由。

難道活下去還需要理由？

剝床以辨，未有與也。——剝卦

《易經》提到，如果連睡覺的床腳都斷裂，是否連一個美好的夢，都無法好好支撐？

佛教說，人生有八苦：生苦、老苦、病苦、死苦、愛別離苦、怨憎會苦、求不得苦、五陰熾盛苦。

生活在大千世界，有來自四面八方的挑戰，為了生存卑躬屈膝，怎麼不苦？

邁入高齡社會，上有高堂，下有妻兒，退休金紛亂不休，想要安養天年，再等等？

身體是最直接的痛，機能退化、器官病變，不停快轉的癌症時鐘，竟輪到我了？

死亡鐘聲響起，如何面對親友的離去而不哀淒？如何坦然迎接自己的倒數時刻？

和所愛的人分離，怨恨的人卻老在身邊，內心企求的渴望永遠得不到，無邊無際的苦海，像虛無湧向自己，就快要喘不過氣……

人生處處存在不圓滿的關係，也是世間最難參透的一門課。不圓滿的親密關係，總讓人落下很多情緒的傷痕，透過情緒的渲染，使人將悲傷無限放大，感到格外的痛楚，穿越這樣不愉快、不圓融的人生功課時，要如何從苦海無邊回到彼岸？

這一切，像是一場醒著的惡夢。

《易經》提到「剝床以辨，未有與也」，損壞破敗的床無法讓人安眠，也別說做夢了，但是這個剝卦是一個當下的現象，眼前的床斷掉了，難道不能起身換一張床嗎？或是檢查床腳斷掉的情況，感受心裡面遭受多大的衝擊？透過自我的覺知練習，跳脫出當下的困境。

記得提醒自己：所有的傷痛，都因念想而起。

《易經》裡面所提到各種現象，其實提供人們擴大思考，床腳斷了又如何？天花板塌陷也無所驚懼。當情緒來臨時，痛就讓它痛，悲傷就讓它悲傷啊，把這一步當作是最後一步思考，當你清清楚楚地察覺這一切，就可以跳脫那個苦、那個悲傷。

困在種種的痛苦裡面，只會加諸無形的恐懼，找回當下，等於找到心裡的寧靜。

∴在懸崖邊停駐，面對險惡，突破險惡

《象》曰：剝，剝也，柔變剛也。不利有攸往，小人長也。順而止之，觀象也。君子尚消息盈虛，天行也。——剝卦

《易經》認為，事物腐壞而剝落，人們的幸福也被剝奪而去，陰柔轉變為剛強，不利於前進。天地間的衰落殘敗、豐饒生長，都是自然的道理，它可能改變了外形，卻無法撼動內在的真理。

生命自成一個小宇宙，可是小宇宙也是因為有你，它才有所意義。

宇宙亙古存在於天地之間，卻是因為「你」才認知到它的存在，然而當你不在，宇宙同樣恆久如常的進行，所以我們跟它之間的差異在哪裡？

其中的差異，在於人有分別心。

可以仔細想想，當我們面對眼前的人、事、物，是否都不免加以評價、下結論？

當你在會議上或公共場所遇見朋友，便開始升起各種念頭：「他今天穿的衣服代表他的氣色不錯。」「上一次見面說過什麼話？」「他是不是要去約會？」「有些厭煩啊！」

當你到郊外看到綿延不絕的山巒，或是翠麗如茵的草坪，便開始做出比較：「這個草坪是綠色的呢？」「真可惜，有地方枯了呢？」「空氣有一股難受的泥土腥味。」

當我們的腦袋不斷做著歸納和分析，也失掉了純粹欣賞外在的一切，放縱念頭任意流轉，最後把自己逼上絕境。

佛教說六根，眼、耳、鼻、舌、身、意，對應出六塵——色、聲、香、味、觸、法，因而衍生眼識、耳識、鼻識、舌識、身識、意識，這六識開啟了人的感官。因為有了感官，就容易受到蒙蔽，起了分別心，當六根不淨，自然生起怪誕妄想，做出錯誤判斷，捲入無限煩惱，而備感痛苦。

於是這些令人難受的苦痛，逼得一個個凡夫俗子，走向人生的懸崖邊。

有人，就此一蹶不振，墮入痛苦的深淵。

卻有更多人，勇敢接受險惡的考驗，當作欣賞眼前的絕壁風景後，改變心態，打破幻境，帶著力量轉身，走出生命的困局。

你問：為什麼他們做得到？

因為他們發現，活著不需要理由，活下去，才有新的可能，就能翻轉加諸其身的痛苦。

活著，就是一件值得慶賀的事！

人生就是一個修行場。學習六根清淨，四大皆空，在安定與智慧中找到淨化身心的方法。

如同水熊蟲面對惡劣環境，都無法真正將牠擊垮，正是這份看不見，卻無處不在的韌性，帶離人們從苦海中解脫。

假如你對這些有所察覺，那麼就能輕輕鬆鬆地看著眼下人間，體會一切有如浮雲的變化。

當意識跟宇宙連結在一起，就不會拘泥於任何的現象，心恢復寧靜，所有腦海中的雜音都消失了。

我相信，你可以。

知「易」不壓抑的自己

改變心境，突破眼前的幻境！

面對衰敗，允許短暫的悲傷，卻無須徹底絕望。

人有八苦就如同天體運行一般，總是來來去去，我們可以感受它，卻不用受它所束縛。

多少的仇恨化為殘酷行動、粗暴攻擊，持續在世界各地發生，這是無法預料的爆炸性傷痛，造成生命的遺憾；然而身邊的親人朋友，往往為我們帶來難以置信的傷害，造成情感的撕裂，拉大關係的鴻溝。

我們在各種傷痛中間尋找活下去的理由，聽起來似乎很荒謬，實際上，卻是人生必經的練習，用生命為彼此上了最寶貴的一課。

在苦痛之外的，是浩瀚美麗的星河，裡頭有寄託，有希望，更有滿滿的愛與信念。

這份看不見，卻無處不在的韌性，讓我們突破幻境，找到活著最真實的快樂。

說「易」◎易經白話釋義

剝床以辨，未有與也。（剝卦．象傳）

剝，剝也，柔變剛也。不利有攸往，小人長也。順而止之，觀象也。君子尚消息盈虛，天行也。（剝卦．彖傳）

睡覺的床腳都斷裂，已經無法支持自己不切實際的夢想。小心災禍已經近身，不可不謹慎。

損壞破敗的床搖搖欲墜，無法讓人安眠，也別說安穩的做夢了，但是這個剝卦是一個當下的現象，眼前的床斷掉了，難道不能起身換一張床嗎？或是檢查床腳斷掉的情況，感受心裡面遭受多大的衝擊？透過自我的覺知練習，跳脫出當下的困境。記得提醒自己：所有的傷痛，都因念想而起。

事物腐壞而剝落，人們的幸福也被剝奪而去，陰柔轉變為剛強，不利於前進，意味著當下的舉動可能因判斷失誤，將使自己陷入危機，因此不建議執行，或應深思遠慮再作行動。

天地間的衰落殘敗、豐饒生長，都是自然的道理，它可能改變了外形，卻無法撼動內在的真理。

06

世上
沒有一種後悔藥

請不要在我墳前落淚，
我不在那兒，也沒有死去，
而是化成千縷清風，吹送。
——《化作千風》

「你想讓別人如何記憶你？」

如果生，是一場美麗的意外，那麼，又該如何看待自己的死亡？

∴人生公路，搭車下車都是風景

說起來，我也算得上是他的影迷。

過去參加會議時，經常搭車南來北往，那時遊覽車上播放的幾乎都是豬哥亮的歌廳秀錄影帶，剪著馬桶蓋招牌髮型，插科打諢、嘻笑怒罵的表演，總能讓車上的老小爆笑連連，同時消解了長長旅途的疲憊。

笑，彷彿是最好的暈車藥，當我觀看著小螢幕的逗趣畫面，似乎也就忘了路面顛頗的難受。

大有，柔得尊位大中，而上下應之，曰大有。其德剛健而文明，應乎天而時行，是以元亨。——大有卦

《易經》說，五穀皆熟的大豐收就是大有年，掌握天時、地利、人和，自然事業成功，財運亨通，但是在一帆風順之際，不該得意忘形，貪圖逸樂，更要戒慎恐

懼，虛心謙遜。

如果一個人的生，是一場美麗的意外，那麼，死亡呢？

我們來到這個世間，總是嚎啕大哭，但旁邊的人卻笑了。

等到我們離開世界，自己若能帶著笑意，身旁的親友是否也能笑著道別？

人生一路不缺的就是淚水，坎坷曲折，就像寂寞公路上的車子，都在趕著自己的前路，偶爾發生拋錨，偶爾遇到擦撞，偶爾停車加油，偶爾補充糧食，過程中，隨時有人搭上了你的車，也有人下了車。因為不捨，離別時刻，我們流下了眼淚。

然而人離去了，故事永遠留下來。

這些相處的片段寫成了酸甜苦辣的回憶，鎖進大腦裡，當我們獨自走在寂寞的旅途中，記起對方的美好，於是笑了起來。

人間到處都是奇蹟，奇蹟像是被水份滋養的種子，自然就萌芽抽長開來，然而它會萌芽的潛質本來已存在，不是誰帶給它的。假如有了水份，卻沒有成長，可能尚在等待一個時機，等待下一道陽光的照射，下一場春風的吹拂，然後生命就再次展開旅行。

大起大落的豬哥亮，擁有戲劇化的人生，從劇團拉幕工做起，靠著豬式幽默在舞台上崛起，號稱秀場天王，一天幾百萬就入袋。

然而卻在巔峰時刻迷上賭博，一夕之間敗光財產，還留下一屁股的債務，於是隱居避世十多年，後來因緣巧合，被八卦雜誌拍到在屏東吃黑輪身影，因此踏上輝煌的復出之路，從谷底再度翻身。

∴留下歡笑，讓別人記得你的好

厥孚交如，信以發志也。威如之吉，易而無備也。——大有卦

《易經》認為，君王得到眾臣賢士的輔佐，建立威信，國家自能昌榮。人與人以誠信相待，自然就會受到他人的幫助與尊重。

有人說：「千生易得，一丑難求。」

節目上經常自嘲「出國深造」，交友廣闊、葷素不忌的他，也拿自己的大腸癌開玩笑，惹得台上台下歡樂不斷。藉由幽默風趣轉化痛苦難受，看起來一派輕鬆，實則需要深厚的內力。

因此，儘管身邊站著一顆顆耀眼的明星，卻始終無法遮去「萬秀豬王」的光芒。知曉內情的人都知道，再次重回舞台的豬哥亮，一來為了還債，一來還是因為熱愛表演，有著意念堅強的意志力。

因為賭博，他曾經迷失自己，不只失去舞台，也失去了親情。

找回舞台、得到群眾的心已經很不容易，沒想到的是，尋回失落的愛更不容易。

「如果生命可以重來一遍？」當我們這樣問自己時，代表心中已經有了遺憾。

然而，世上沒有一種後悔藥，可以扭轉事件，回到最初的狀態。

因此《易經》說，不管此刻的你，處於人生順境或逆境，都應該好好規劃當下的每一步。

當你篤定踏出了腳步，沒有顧盼，專心致志迎向眼前的考驗，付出的努力和用功總不會白費。

那些曾經受過嚴重創傷、罹患重大疾病，或是內心承受巨大痛苦的人，持續地在生命的舞台裡反覆打轉、流浪、疼痛，對於為什麼得到這樣的病、為何遭受恐怖的事件、怎麼是我而不是別人，帶著莫大的疑惑、憤怒、無法理解，終至惶惶度日，卻牽扯出更多的新仇舊恨，看似無解的答案——果，其實得追溯至波瀾的起點——因。

每個人的歷程無法複製，生命劇本同樣一人一齣，《易經》所說的共相卻清楚套用在每個走在上頭的人。

只是走到人生的最後的一刻，我們往往才感到懊惱、後悔，所幸為時未晚。透過察覺，改變自己的念頭，回到心裡當下的寧靜，就可以接受圓滿，全然的接受它，而不是投射到過去、未來任何的期望值，純粹是當下的接受。

原來，所有的念頭、生命價值、言行舉止，都被原本的生活習性所制約。一念無常，從有形的境界得到解脫；一念醒覺，幸福所織就的花毯也為我們鋪上道路。

在一次訪談中，豬哥亮這麼說：「人生重來，我什麼都不會做。因為我什麼都做過了。」

當你挺過風暴，停下步伐的時候，臉上會掛上微笑。

於是，期盼靠著螢幕前的演出彌補過往的傷害，於是在重症找上門的時刻，依然選擇燃燒自己，彷彿和時間在賽跑，拚著最後一口氣，錄節目、出唱片、拍電影馬不停蹄，一刻都不願停下腳步。

已經發生的事，無法重來，也無從後悔。

但是，我們也許可以選擇讓別人如何記憶自己。

既然如此，要選擇留下什麼呢？

一切唯有愛。

二〇一七年五月十五日，屬於一個時代的傳奇人物，這次真的瀟灑走下了人生舞台，把歡笑的樣貌留給後世觀眾。

讓別人永遠記得他的風趣和詼諧，某種程度上，豬哥亮確實做到了。

如同歌曲《化作千風》所唱：「我化為雪花上閃耀的靈動，化作澄黃稻穗上陽光的容顏，化成綿綿的秋雨，在你身邊。」

笑著告訴你不要哭泣，我並沒有死去，而是化成千縷清風，不斷吹送……

知「易」不壓抑的自己

演好生命的角色，如實感受幸福！

權勢、財富、名聲，被認為是成功的三個面向。

然而，真正的成功到底是什麼？

天下沒有平白無故掉下來的成功，任何的成功都得建立在一些犧牲之上，就算是含著金湯匙出生的人生勝利組，擁有萬千寵愛和尊榮，也勢必在成長過程中失去某種享受。

想要獲取更大的成就，勢必得失去更多，而那些被犧牲掉的東西，有時候代價往往更大。

我們總是在俗世中跟著人群盲目的追求，卻忘了聆聽心底真正的聲音，等到慾望的洪流氾濫成災，險些將自己淹沒，才驚覺一切如夢幻泡影。

越飽實的稻穀，越是低垂。成功者不一定非得擁有什麼華服名車，才配得上成功；幸福的人不必特別炫耀幸福，演好生命給予的角色，懂得珍惜眼下的美好，幸福就不遠。

大有，柔得尊位大中，而上下應之，曰大有。其德剛健而文明，應乎天而時行，是以元亨。（大有卦・彖傳）

厥孚交如，信以發志也。威如之吉，易而無備也。（大有卦・象傳）

五穀皆熟的大豐收就是大有年，掌握天時、地利、人和，順時而行，自然事業成功，財運亨通，但是在一帆風順之際，不該得意忘形，貪圖逸樂，更要戒慎恐懼，虛心謙遜。

君王得到眾臣賢士的輔佐，建立威信，國家自能昌榮。人與人以誠信相待，自然就會受到他人的幫助與敬重。

不管此刻的你，處於人生順境或逆境，都應該好好規劃當下的每一步。

當你篤定踏出了腳步，沒有顧盼，專心致志迎向眼前的考驗，付出的努力和用功總不會白費。

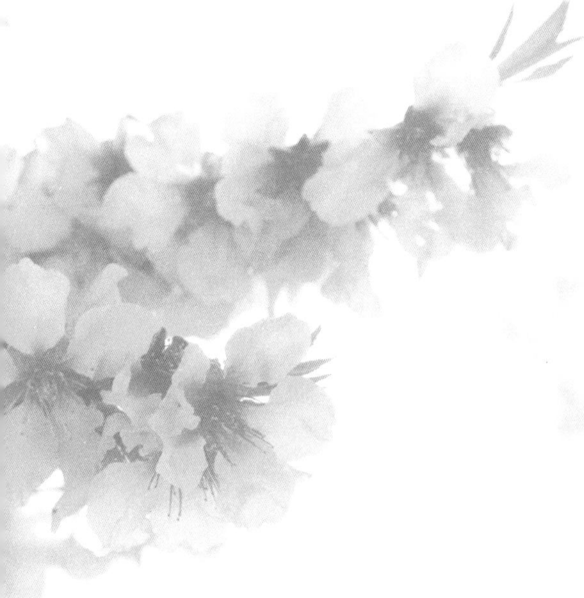

PART 02

適應變動，練習安穩自己

智者問：深夜疾馳在一條狹窄的馬路上，左邊突然衝出一條黑狗，右邊閃出一名路人，這時該怎麼辦？

弟子答：我會迅速將車子往左邊移動，頂多擦撞到狗，將傷害降到最低。

除了緊急左彎或右彎，難道沒有更好的方式？如果手握方向盤的人是你，你會怎麼做？

變動不居的世界，這一秒已不同於上一秒，突如而來的變化是常態。

腳步可以輕快，但心要放緩，學習安穩自己，就能適應變動。

01

悲傷練習：難過的時候，不該硬撐！

當悲傷來襲，
很多人習慣壓抑它，
選擇默默吞下眼淚，
可是，情緒卻因此積鬱成疾，
甚至成了一顆隱性地雷。

難過的時候，不該硬撐，適當的宣洩，練習說出心中的鬱結，才不會在下次誤踩在地雷區時，引爆自己，也傷害別人。

∴ 跌倒了，就躺下來休息

《追憶逝水年華》法國意識流作家普魯斯特（Marcel Proust）曾說：「真正的發現之旅，不在於尋找新大陸，而是以新的眼光看待事物。」

然而，我們是否常常把夢想寄託在遠方，人是走出去了，心卻忘了帶出去？

十幾年前，「壯遊」正當流行，一窩蜂的大學生遠赴海外打工換宿，除了增長閱歷，同時為自己存下人生第一桶金，回國後，彷彿改頭換面，談起話來滿是熱血與衝勁，對於未來更有著無限想像，讓人欣羨青春就該是這個樣子！

可是，我認識一位年輕人卻沒有這樣好運氣。

他從一開始申請就不太順利，後來飛到澳洲，因為簽證和語言問題竟成了非法的「黑工」，在零下幾度的冷凍櫃來回搬貨，卸冰塊、挖動物內臟、清廚餘，時常凍僵的雙手因反覆破皮而長繭，不但工時長，住宿條件不佳，工錢還被苛扣。

「我怎麼會這麼倒楣？打死我再也不去了！」於是，滿腹委屈的他，既憤怒又悲傷，撐到一個月就收拾行李，打道回府了。回來後，逢人便抱怨受到雇主「欺凌」的經過，更叮囑學弟妹瞪大眼睛看清楚，不要輕易申請出國。

後來，這位年輕人問我：「老師，我這樣做錯了嗎？」

我告訴他：「你沒有錯！你確實做了對你而言最好的選擇！」

他的眼神充滿疑惑，好像在等我繼續說下去。

「當人遇到困難，第一時間會啟動防衛機制，讓身體處於備戰狀態，同時督促自己趕緊找出因應的方法，如果面對的問題不大，就能很快解決，如果遇到超出能力範圍內的事情，做出許多努力之後仍然無法改善，不用拘泥在此，暫時放下，繞過它也是一種辦法。」

「真的過不去，就不需要硬撐。跌倒了，允許自己躺一下吧。」

「就是因為待不下去，我才會選擇回來！」年輕人彷彿是洩了氣的皮球一般。

我笑笑地說：「難過、憤怒在所難免，但是請停下無止盡的埋怨，你不可能因為栽跟斗，就永遠不踏出家門一步吧！最重要的是，你有沒有從這次的經歷中，找到下回面對困難的因應之道。」

「如果過度享樂，習慣於安逸狀態，就要當心隨即而來的隱患。」年輕人看似懂了一般，靦腆的點點頭。

《易經》說：「物不可以終過，故受之以坎。」當我們養尊處優慣了，就容易忽略凶險的到來，一旦禍事接踵而至，陷落的身心就會感到驚慌，有如落入深淵，惶惶不可終日，不可自拔，這是遇事不順的悲傷。

另一種則是感情創傷的憂鬱。

我有一位學生長期悶悶不樂，細問之下才知道深陷感情泥淖，走不出來。

他和女友是從高中認識，一路到大學、研究所，原以為會順利地步入婚姻，誰知道等他當兵回來正式踏出職場後，不久女友卻提出分手，使他深受打擊。

他不能理解的是，明明在一起這麼久了，平時相處也都沒有問題，怎麼會說分手就分手，完全沒有轉圜的餘地？

我告訴他，當人們進入社會後，眼界就會隨之開展，爬到哪個位階，遇見如何的難題，碰到怎麼樣的人，都會對其產生潛移默化的影響。

加上女生比男生早一步進入職場，勢必感受到的衝擊也更大更深，也許她突然覺得生活這麼辛苦，眼前的追求者條件又不錯，內心就產生比較心理；或是遇到更能心意相通的對象；或是認為現階段應該是衝刺工作、累積實力的時刻，應該專心致力投入其中，於是願意捨下感情的束縛，更願意調派至海外工作，開創新天地。

此外，兩人的原生家庭和生活環境也是一個關鍵，其中有太多難以說清楚的細節，若是彼此的思想沒有同步，一方安於當下，喜歡現世安穩，一方卻企圖滿滿，極欲舒展抱負，那麼不出問題才怪。

你是否認真思考過，當你們勉強結合的時候，後面的衝擊勢必更大？

所以，感情走到分離的結果，未嘗不是一個好的結果。

一如《易經》的提示，物極則反，事極則變，你認定的現況是逆境是挫敗，表面上屬於凶象，背後卻意味著吉象也將不遠了。

卦象只能告訴你現在的狀況，給予面對未來，扭轉局勢的提示，吉與凶，好與壞，只是寬廣生命之河中的一個小逗點。

重點是，遇到「凶」時，該如何抱持平常心；看到「吉」時，又要怎麼留住它？

假使悲傷到無法自抑，陷進更深的絕望，那麼，你可能就會錯失下一個「對的人」的到來，「吉」也將離你而去！

在每個過場時刻，調適心情，不要掛念在失敗這件事，儘管人的潛意識會自動記取傷痛，可是時間永遠是最好的良藥。

想想看，經過歲月的汰洗淬鍊，當你六、七十歲的時後，回顧二、三十歲遭遇的情境，其實別有一番領悟，有時候會發現那些所有的痛苦，都在帶領我們成就經過蛻變的每一道程序，成為現在更好的自己。

因此偶爾運氣不好，跌倒了，所遇非人，失戀了，那就順勢躺下來休息一下吧。只要稍微轉換一下觀念，你可能會驚訝的發現，角度不同，看到的風景、聞到的空氣竟然更美更甜。

悲傷過後，擦乾淚水，重新拾起探索的熱情，相信會讓我們找到更多幸福。

回到前面例子，你可能會說，一樣的打工換宿，境遇怎麼會差這麼多？

那些從國外抱回滿滿收穫的人，過程並非樣樣都順遂，也有受傷，也有委屈，因為心裡認為這只是旅程的一部份，於是這些苦也就算不了什麼。

他們一面賣力工作，一面盡情玩樂，把自己融入當地生活，感受不同文化帶來的刺激，這份衝擊激活了內在的思考，對眼前的事物看得更加深入，同時引發更多的想像與創意，成就了這場發現之旅。

真實體驗生活的喜怒哀樂，跳脫舊思維，啟迪新觀點，正是旅行的目的。

還記得小時候初學腳踏車，摔倒、擦破皮可說是家常便飯，卻無法阻擋持續嘗試的熱情。

習坎，重險也。水流而不盈，行險而不失其信。維心亨，乃以剛中也；行有尚，往有功也。——坎卦．彖傳

因此，易經說：遇到重重凶險，心中要懷有堅定的信念，在意志力的帶領下，就能面對危險、習慣危險，進而脫離困境，同時不斷超越自己。

另一個井底之蛙的故事，一隻青蛙見到被雨水灌滿的水井，開心的住進去，慢慢地水漸漸地下沉，牠不以為意，天氣越來越炎熱，水的刻度再往下探，牠心想：「我在這裡輕鬆愜意，也沒有其他青蛙發現此地，先不急，等水降到一半，再跳上去吧！」後來，等水降至一半不到，牠才驚覺來不及，怎麼跳也跳不出去了，再怎麼放聲大喊，也沒有誰聽見，只剩下自己悲慘的回音，充滿整個乾涸的坑洞，應驗

了「升而不已必困，故受之以困。」

有時候，坑洞（困局）可能是自己造成的。

如果一直沉溺於悲傷，困於坑洞之中，就無法開展新的道路，看見全然不同的景色。

∴過度憂鬱，可能會要了我們的命

為什麼有些人在跌跤後，再也站不起來？

投資失利的朋友，整天守在號子裡，盯著綠油油的螢幕，希望再度翻紅；情場失意的朋友，陷於「你怎麼可以不愛我」的執著，等著愛人回心轉意；工作低潮的朋友，困於薪資養不起未來的恐懼；面臨大考的學生，犧牲睡眠和玩樂，把未來的賭注押在一張考卷上……

他們臉上的表情都訴說著「不快樂」，如同闖關遊戲一般，永遠卡在這一關，無法順利通往「快樂」的里程。

愛默生曾說：「我們也許會到全世界去尋找快樂，但是，除非把快樂帶在身上，否則找不到它！」

當我們執著在某一個點，就無法看見真實的全貌，除了無止盡的悲傷和憂鬱之外，身旁還有更值得好好欣賞的景色。

困于葛藟，未當也；動悔有悔，吉行也。——困卦．彖傳

《易經》說，困在一個危險的地方，還被蔓生的植物纏住而無法行動，可說是進退兩難，腹背受敵。就如同我們受制於一件事情，也許是人情牽絆、工務纏身，面對兩難的窘境時，也許可以化主動為被動，下定決心拚力一搏，還有扭轉局勢的可能。

困局大抵可以分為兩種，一為身體之困，一為心靈之困。

有人在現實上受到羈絆，無法施展抱負，感到落落寡歡，或因生理上的大小病痛，連帶影響了情緒。

有人習慣往負面思考，看什麼都不順眼，做什麼事都不順利，惹得自己神經兮兮，成為念頭的奴隸。

悲傷過了頭，就會產生憂鬱情節，那麼憂鬱過了頭，就會步上發瘋、毀滅自我

的路程，這是相當可怕的事情！

尼采寫過一首〈憂鬱頌〉帶著自我解嘲的性質，企圖用書寫與之對抗，同時呈現出憂鬱的多種樣貌：

憂鬱啊，請你不要責怪我，
我削尖我的鵝毛筆來歌頌你，
我把頭低垂到膝蓋上面，
像隱士般坐在樹墩上歌頌你。
你常看到我，昨天也曾有多次，
坐在上午的炎熱的陽光裡：
兀鷲向谷中發出貪婪的叫聲，
它夢想著枯木樁上的腐屍。
惡意的女神，請你不要責怪我，
我編造優美的詩句將你裹起。
你露出可怕的臉色走近誰，誰就發抖，
你向誰伸出惡意的右手，誰就顫慄。

一生埋首於哲學領域裡的尼采，最終仍不敵「惡意女神」的步步逼近，仍舊是發瘋了。

關於尼采的發狂，有一說是他遭到深愛女人的拒絕，認為自尊被踐踏，因而有「愛情總帶點瘋狂，而瘋狂之中總有一絲理智」的名言，同時對女性產生極端的鄙視。

一說是因為自己的才華在當時不受重視，印好的書，根本沒人想看，更別說賣出去。另一個較有根據的是因為從小就體弱多病，加上感染神經性梅毒，因而引發精神疾病，在當時醫療並不發達之下，做了許多錯誤的診治，使病情急遽惡化。

我們可能都會悲傷，偶爾也會陷於憂鬱當中，但讓我們不至於變成「狂人」，甚至把命都給賠上，取決於情緒是否獲得適當的紓解，說的正是回歸本心的純粹。

《青原惟信禪師語錄》中有一段話：「老僧三十年前來參禪時，見山是山，見水是水；及至後來親見知識，有個入處，見山不是山，見水不是水；而今得個休歇處，依然見山祇是山，見水祇是水。」

也許你曾困於一枚念頭，一件瑣事，一場美夢，一個誘惑，然而當你累積了更多的見識，找到觀看事物的新入口，就能夠超越念頭，超越瑣事，超越美夢，超越誘惑；最後，你停下來歇息，突然領悟到，原來眼前的念頭只是念頭，瑣事只是瑣事，美夢還是美夢，誘惑還是誘惑，但是你已經不再為他們糾結與傷神，更不會受到任何羈絆，感到無邊的暢快自由。

正如《易經》困卦背後要說的：困極則通，窮極思變。

在窮困艱難時刻，你不知道隨之而來的正是解除警戒的舒暢，體驗生命的變動，正視悲傷，練習悲傷，放下悲傷，同時讓身心受到安頓。

知「易」
不壓抑的悲傷練習

我們都曾困於一枚念頭，一件瑣事，一場美夢，一個誘惑而無法自拔。

然而當你累積了更多的見識，找到觀看事物的新入口，就能夠超越念頭，超越瑣事，超越美夢，超越誘惑。

最後，當你停下來歇息，突然領悟到，原來眼前的念頭只是念頭，瑣事只是瑣事，美夢還是美夢，誘惑還是誘惑，但是你已經不再為他們糾結與傷神，更不會受到任何羈絆。

想想看，還能有什麼事讓你悲傷不止？

練習轉個念頭，困境，是旅行中的喘息時刻，悲傷，也是人生旅程的一部分。

說「易」◑易經白話釋義

物不可以終過，故受之以坎。（序卦傳）

習坎，重險也。水流而不盈，行險而不失其信。維心亨，乃以剛中也；行有尚，往有功也。（坎卦．彖傳）

萬物不能過度膨脹、浮濫無度，隨之而來的瓦解塌陷，將一切復歸平淡，困陷之後則有攀握，即是一種自然平衡。當我們養尊處優慣了，就容易忽略凶險的到來，一旦禍事接踵而至，陷落的身心就會感到驚慌，有如落入深淵，惶惶不可終日，不可自拔。

遇到重重凶險，心中要懷有堅定的信念，在意志力的帶領下，就能面對危險、習慣危險，進而脫離困境，同時不斷超越自己。「坎者陷也」，於是陷溺泥淖之中的我們，更有時間好好思考困陷之因，儘管坎為水，主凶象，若能通於內外，自能險中求通，否極泰來。

升而不已必困，故受之以困。（序卦傳）

困于葛藟，未當也；動悔有悔，吉行也。（困卦．象傳）

不停地往上升，就會遇到侷限，同時困住自己；過度自滿、自視甚高的結果，也將失去朋友和民心，導致眾叛親離，事情無法順利開展，再多的行動猶如困獸之鬥，都無法施展和掙脫。

困局大抵可以分為兩種，一為身體之困，一為心靈之困。有人在現實上受到羈絆，無法施展抱負，感到落落寡歡，或因生理上的大小病痛，連帶影響了情緒。有人習慣往負面思考，看什麼都不順眼，做什麼事都不順利，惹得自己神經兮兮，成為念頭的奴隸。

困在一個危險的地方，還被蔓生的植物纏住而無法行動，可說是進退兩難，腹背受敵。就如同我們受制於一件事情，也許是人情牽絆、工務纏身，面對兩難的窘境時，也許可以化主動為被動，下定決心拚力一搏，還有扭轉局勢的可能。

困卦背後要說的正是：困極則通，窮極思變。在窮困艱難時刻，你也許不知道隨之而來的將是解除警戒的舒暢，體驗生命的變動，正視悲傷，練習悲傷，放下悲傷，就能讓身心受到安頓。

02

憤怒練習：原來這樣就是快樂

你一定遇過，以下令人暴怒的時刻：
長長的排隊人龍突然有人插隊，
一早趕上班打卡，電梯卻故障……

寫好的企劃或提案，還未存檔，電腦就當機；剛洗好或摺好的衣物，馬上被毛小孩弄髒；約好吃晚餐，那個人卻遲到近一小時；看到收藏多年的寶貝物品被破壞；刻意隱瞞卻被爆出真相，於是惱羞成怒；明明沒做的事，卻得受一堆人莫名指責……

可以引發憤怒的事，還有很多很多，但選擇要不要被引爆，全看自己。

∴感覺憤怒，和自己對話

電影《美麗人生》有這樣一句台詞：「沒有誰的人生是完美的，但生命的每一刻都是美麗的！」

但是，當血壓升高，腎上腺素分泌增加，滿腔怒氣即將爆發之際，眼下的人生可能就非常不美麗。

如果自己規劃好的行程，突然被打亂，你會怎麼樣？

幾年前，一個寒冷午後，我在機場等待返台的班機時，廣播中突然宣布由於颱風來襲，嚴重影響飛安，今天各航班全面停飛。

由於要趕著回台灣參加一場學術座談會，席間邀請一些研究易經和風水的朋友，本想藉著這次機會可以互相切磋討論，會後還有餐宴，深知這是一個難得的聚會，因此很早就把時間空下來，沒想到天不從人願。

當下內心的遺憾竟轉成一股怒氣，既然昨日已經進入暴風圈，怎麼不提早發布停航的消息？

就在念頭升起的同時，身旁已出現陣陣騷動，一名中年女士吆喝著大批人潮湧向售票口、出入境大廳，和現場站務人員、駐衛警發生推擠。

這方的人不停怒喊著：「光聽到消息，就要瘋了！」「機票已經賣了，怎麼現在不能飛？」「我們旅行團今天非走不可！」「什麼時候恢復航班？什麼？不清楚？那我們今晚要睡哪？」夾雜著英語、法國、國語和其他不知名語言的轟炸，築起人肉圍牆的那方，再多的道歉都澆熄不了高張的火氣。

此時，我突然想到一幅畫《自由引導人民》（La Liberté guidant le peuple）。

這幅畫收藏在巴黎羅浮宮，是由法國浪漫主義畫家——歐仁．德拉克羅瓦（Eugène Dela-croix）所繪，呈現一名裸坦身體的自由女神，帶領群眾衝向前方，有著革命的激情，他曾說：「即使我沒有為了我的祖國戰鬥，我也可以用我的畫作來歌頌它。」

眼前的鮮明場景，每個人為著前往自己的目的地，拖著行李、舉著雨傘和阻撓者爭執不下，更不惜用肉身衝撞，企圖改變現狀，彷彿重現那樣的情況，當然這純粹是我的浪漫想像。

奇怪的是，突然之間，我的憤怒完全消散了。

正如《易經》的蠱卦：「蠱，元亨，利涉大川，先甲三日，後甲三日。」重新調整心態，就能遠離外在的迷惑，雖然事情的發生不如預期，天要下雨，娘要嫁人，這也是沒辦法的事。既然天意不可違逆，那就順從它，改變行程，另作規劃。

《易經》訟卦也說：「訟，有孚窒惕，中吉，終凶。利見大人，不利涉大川。」興訟爭執時，往往口出惡言，退一步才能海闊天空。

假使面對雙方依舊僵持不下，最好有公正的第三方出面緩頰，或找彼此都信服的前輩介入調解，才有可能排解紛爭。

當我們感到憤怒，不用壓抑，感受它，清楚知道它為什麼而來，知道它將如何發生，最後又要往哪裡去。如此一來，感覺憤怒，卻能夠不被怒氣牽著鼻子走，做出損人不利己的事。

地勢坤，君子以厚德載物。——坤卦．象傳

《易經》說，要學習大地的仁愛寬厚，在生命的低處也不能失去自己平靜的心。當我們可以不帶情緒的表達聲明，爭取自己的權益之外，也能顧及別人無能為力的處境。

世界上不會只有一種聲音、一種立場，這一份將心比心，正如大地一般柔順寬厚，包容異己之餘，也等於善待了情緒。

∴從他人眼中移開，遠離情緒地獄

法國存在主義哲學家沙特（Jean-Paul Sartre）曾寫過一個劇本《無路可出》，描述三個彼此不相識的人，才剛死去就被關於密室當中，沒有窗戶、沒有鏡子，更無法出去，他們唯一的出口就是別人的眼睛，只能從旁人的眼光中察覺一切。

你可能會問：「他們不是死了嗎？怎麼不在地獄裡，而在密室？」

「一天二十四小時，無法從他人的目光和猜忌中逃脫，不是比地獄還可怕？」

因為在其他人的窺視之下，無法好好休息和睡覺，只好緊盯著彼此，每個人彷彿各懷鬼胎，不知道各自想些什麼，是不是在說我的壞話，深怕別人做出不利自己的舉動，密閉空間裡升起濃濃的恐懼和不安，可怕的壓迫感，使得呼吸聲、心跳聲、口水吞嚥的動作都變成清晰無比。

可怕的念頭在心頭滋長，漸漸使每個人稍有風吹草動就會暴躁、易怒，甚至出現攻擊行為。

上六，龍戰於野，其血玄黃。——坤卦

《易經》說，疑心容易使人發生爭端，處於一個對立的空間，勢必水火不容，戰爭一觸即發，屆時將會血流滿地，死傷慘重。

我要說另一個「無路可出」的故事。

好幾年前有部電影《楚門的世界》，描述男主角楚門從出生就被選為電視直播的「明星」，活在被建構出來的世界，包括父母、學校、戀人、工作，甚至是天氣也是，每一秒鐘都有上千部密錄的攝影機對準他，一天二十四小時都有人盯著螢幕看他最真實又有趣的反應，各種事件都是設計好的橋段。

直到有一日他發現異狀，開始有所懷疑，進而追尋出真相，儘管製作人告訴他：「聽我的忠告，外面的世界跟我給你的世界一樣的虛假，有一樣的謊言，一樣的欺詐。但在我的世界你什麼也不用怕，我比你更清楚你自己。」他依然選擇揮別虛假的大海布幕，逃離這個緊迫盯人的「密室」，找回自己的人生。

你可能很難相信，自己的人生被別人當作一場有趣的肥皂劇！

如今這個年代，更多的是把自己的生活公諸於世的「網紅」，他們自願走進「密室」，沒日沒日掛在網路上頭，上演最瘋狂的實境秀，將日常細節暴露於社群媒體，只為吸引更多眼球的注目，博得更多的按讚、留言數，以及衍伸出的廣告利益與金錢報酬，殊不知把自己推向懸崖邊緣。

於是，當有人給予負評或惡意攻擊，就會激起你的巨大怒意。

越想挽回更多關注，就要說出更聳動的話，甚至為了順從要求而做出違背內心的事，越是在意別人的回應，就越深陷密室的陷阱之中，形成一個惡性循環，困在別人的瞳孔中，成為一場無止盡的折磨。

我們總是在意別人的看法，試著關掉所有視窗吧！

同時試著把即時通訊刪去，或嘗試一天不帶上手機出門，你會發現，不用急著瀏覽、回覆或發送叮叮咚咚傳來的訊息，自己的時間竟然多了很多出來。

山下有澤，損，君子以懲忿窒欲。——損卦

《易經》說，高山能長於地上，是因為沼澤在地面讓出空間，「損」這件事，看似有所損失，其實反而對自己有利。

正如「斷捨離」，藉由捨棄，找回原本乾淨俐落的自己。因此，戒除會使自己憤怒和生出貪欲的事物，才能讓心靈感受到真正的清淨。

不用被好壞訊息追著跑，就能把人生掌握在自己手裡；從他人的眼中移開，就能遠離情緒地獄。

原來，快樂就是這麼簡單！

知「易」不壓抑的憤怒練習

想想看，你最近都為了什麼發脾氣？

當我們感到憤怒，可以練習不去壓抑它，而是感受它，然後清楚知道它為什麼而來，知道它將如何發生，最後又要往哪裡去。

如此一來，感覺憤怒，卻能夠不被怒氣牽著鼻子走，做出損人不利己的事。

正如「斷捨離」，藉由捨棄，找回原本乾淨俐落的自己。

因此，戒除會使自己憤怒和生出貪欲的事物，才能讓心靈感受到真正的清淨。

蠱，元亨，利涉大川，先甲三日，後甲三日。（蠱卦）

訟，有孚窒惕，中吉，終凶。利見大人，不利涉大川。（訟卦）

行事遇到挫敗，不必過度氣餒，重新再來即可。調整心態，遠離外在的迷惑，雖然事情的發生不如預期，天要下雨，娘要嫁人，這也是沒辦法的事。既然天意不可違逆，那就順從它，改變行程，另作規劃。

不管是權益受到侵犯，或是想要據理力爭，遇到和人有所爭執時，往往口出惡言，甚至走到興訟的地步，然而此時應提醒自己退一步，才能海闊天空。

假使面對雙方依舊僵持不下，最好有公正的第三方出面緩頰，或找彼此都信服的前輩介入調解，才有可能排解紛爭。

當我們感到憤怒，不用壓抑，感受它，清楚知道它為什麼而來，知道它將如何發生，最後又要往哪裡去。如此一來，感覺憤怒，卻能夠不被怒氣牽著鼻子走，做出損人不利己的事。

地勢坤，君子以厚德載物。（坤卦．象傳）

上六，龍戰於野，其血玄黃。（坤卦）

山下有澤，損，君子以懲忿窒欲。（損卦）

學習大地的仁愛寬厚，在生命的低處也不能失去自己平靜的心。當我們可以不帶情緒的表達聲明，爭取自己的權益之外，也能顧及別人無能為力的處境。

世界上不會只有一種聲音、一種立場，這一份將心比心，正如大地一般柔順寬厚，包容異己之餘，也等同善待了情緒。

疑心容易使人發生爭端，處於一個對立的空間，勢必水火不容，戰爭一觸即發，屆時將會血流滿地，死傷慘重。

高山能長於地上，是因為沼澤在地面讓出空間，「損」這件事，看似有所損失，其實反而對自己有利。

藉由捨棄，找回乾淨俐落的自己。因此，戒除會使自己憤怒和生出貪欲的事物，才能讓心靈感受到真正的清淨。

03

恐懼練習：害怕並沒有什麼了不起

坐在不同位置，
有人正對壺嘴，有人看到壺柄，
角度不同以致所見互異，
卻不影響茶壺本身之美。
——證嚴法師

恐懼，不也正是如此嗎？

還記得杯弓蛇影的故事，當我們害怕眼前的事物，有沒有可能只是觀看「角度」的問題？

∴無聲吶喊，原來是自己嚇自己

上班時間擠滿人的電梯，可說是兩難的惡夢，不擠怕來不及打卡，擠了又渾身不舒服，好吧，就幾秒鐘的時間，索性牙一咬硬是把自己給塞進去。

人和人之間的距離只剩幾釐米，緊逼的身體和缺氧狀態彷彿讓人快要喘不過氣，加上頭皮、汗臭、香水、菸草，和冒著蒸氣的早餐揉合成一股奇特難耐的氣息，大家都在期待趕緊到達自己的樓層，遠離密閉悶熱的空間。

換個時間，今天剛好加班到凌晨，關好大門，才驚覺整棟大樓的電燈早已被值晚班的管理員尋樓時一一按掉，頭皮彷彿有股冷風吹過，快步通過長廊，腳步的回音讓你不自覺頻頻回頭，好不容易抵達定位，碰觸電梯感應鈕，按鈕的藍光竟發出慘淡的色澤。

內心開始幻想電梯門一開，會不會有什麼東西出現？門開了，還好只是虛驚一場，走進入口，怎麼感受和大白天完全不相同。

白日的電梯滿是熱氣，到了晚上竟然有點涼，背脊開始莫名的發冷。你發現，一群擁簇的人令你充滿壓力，一個人卻是漫無邊際的恐懼。

但是，這種懼怕的心情到底從何而起？

其實，電梯還是電梯，並沒有什麼奇特之處，都是自己嚇自己。

《易經》遯卦提到「遯尾；厲。勿用有攸往。」告訴我們——逃就是不逃。遇到突發的危險，最好的方式還是以不變應萬變，保持平常心，就不會為現象所惑。

《心經》也寫到：「心無罣礙，無罣礙故，無有恐怖，遠離顛倒夢想，究竟涅槃。」沒有牽掛和憂慮，就不會感到惶恐，遠離所有的妄想，就能找回身心的清爽和明朗。

心中有鬼，鬼就會出現。

心魔，只是反映並放大內心的恐懼。

我想起描繪恐懼最為知名的一張畫——「吶喊」。

挪威畫家愛德華．孟克（Edvard Munch）筆下的背景是一個扭曲變形的空間，血紅色天空，詭譎的海藍色，預告火山爆發即將發生的慘狀，已經令人不寒而慄，中間是一名沒有血肉、瘦成骷顱頭的人形，站立橋上的他雙手摀著耳朵，瞪大雙眼，臉上透露出萬分驚恐的表情，彷彿可以聽見他高八度的尖叫聲！

孟克自己透漏這幅構圖的靈感來源：「天空變得血紅。我停下腳步，靠著欄桿，累得要死——感覺火紅的天空像鮮血一樣掛在上面，刺向藍黑色的峽灣和城市——我的朋友繼續前進——我則站在那裏焦慮得發抖——我感覺到大自然那劇烈而又無盡的吶喊。」

為此他陸續畫下了四個版本的「吶喊」，可以清楚看到，這份恐懼是如何深深影響著他。

∴折磨自己的，原來還是自己

業務處理不完，交期卻近在眼前，心中憂慮油然而生？

工作上一直遇到瓶頸無法開展，憂慮衝不破職場天花板？

提案一改再改，業主依然不滿意，對於上台報告萬分恐懼？

難纏的另一半總是要求這、要求那，卻害怕面對關係生變？

身體不舒服，疑似罹患重大疾病，對於生死的未知感到驚駭萬分？

前些日子地震頻頻，白日恍惚，晚上老是睡不著，驚恐來不及逃出？

不管是工作上的枷鎖、感情上的背叛、人際上的勒索，也許你也曾經經歷過，想要奮力掙脫、盡情吶喊，那種身心被撕裂的感受。

然而那種無法用語言形容的恐懼，彷彿從四面八方盤旋著、擠壓著，使人無處可逃、無處可躲，最後把我們折磨得不成人形。

我們可以吶喊，但是吶喊之後呢？

我們可以恐懼，但恐懼之後呢？

山上有水，蹇，君子以反身脩德。——蹇卦．象傳

《易經》說，山上大水氾濫、落石坍方，把前方的去路都堵住了，明知道有危險，就不該貿然前進。

蹇是跛的意思，險阻在前方，無法順利通行，就像跛腳的人行走困難。

停止自己折磨自己了，除了前進，我們還可以練習反身動作——後退。

遇到事情窒礙難行，適時停下腳步，看看眼前時局，重新找另一個替代方案，才是明智之舉。

當所有勵志書都在叫人要振作起來、動起來、前進、不要怠惰停下腳步的時候，「知險而止」才能更適用你的現況，我們不一定非得一直是「待機狀態」，讓能量持續消耗殆盡，正能量可能也有不那麼靈光的時刻。

布袋和尚《插秧偈》寫道：「手把青秧插滿田，低頭便見水中天，六根清淨方為道，退步原來是向前。」

前進需要燃料，後退則需要勇氣，兩者都同樣需要智慧。

害怕的時候，就停下來吧，這不是什麼大問題。

停止行動，認清方向後，再重新「開機」。

∴面對恐懼，打破禁錮身心的牢籠

我要說說另一個「知險而止」的反面故事。

柏拉圖《理想國》有篇洞穴寓言，寫到有一群人被囚禁在一個洞穴裡，他們的手被反綁著，無法轉身，也就不能看到旁人和後頭的樣子，終其一生只能望著眼前的山壁。

洞穴裡唯一的光線來自於營火，位在洞穴口的營火始終燃燒著，他們透過反射於壁面上的影子來了解周遭的情況，以為影子就是一切，深信這些就是所有世界的樣貌。

有一天有個人割開了鎖鏈，往後一看，才驚覺別有洞天，原來影子是從那團火光而來，再往外走，天地萬物居然都有色彩，而且比起洞穴還要大得多。

「你們看見的都是假象，跟我走，我帶你們看見真正的世界！」

但是當他回來告訴其他人，並試圖解開鎖鏈，帶他們一起感受自由，卻被斥為瘋子。

有些被他帶出去的人，也因為刺眼的陽光，無法適應的結果把眼睛弄壞了，更證實了他的妖言惑眾。

最後，他被集體強大的恐懼信念所殺死。

沒有人願意面對真相，更害怕改變所帶來的傷害。

於是，往後不再有人膽敢做出掙脫的行動。

我們是否無形中把鎖鏈反綁在身上？

甚至缺乏嘗試的勇氣，陷入「習得無助感」，認為一切的改變都是徒然，而自願放棄逃脫的機會？

九三：繫遯，有疾，厲，畜臣妾吉。——遯卦

「到底是什麼防止我們逃跑？」

《易經》說，那些防止我們逃跑的，正是內心的牽掛，當你對金錢、權勢、情感、生死放不下，那麼就會生生世世被它牽著鼻子走。

那些滿足於表象的感官經驗，就像洞穴裡面的影子，虛妄不實，卻還數著牆壁上的影子洋洋得意。

《哈利波特》故事中，所有人因為恐懼和害怕，都不敢提及「他」的名子，只有哈利波特敢於說出「佛地魔」，那個令人膽顫心驚的巫師。

練習面對恐懼，才能戰勝恐懼，打破禁錮身心的牢籠。

「免於恐懼的生活，必然是貧瘠的生活。」

人人都會感到害怕，這並沒有什麼了不起；反過來說，我們還要感謝恐懼。

荒野哲學家奧爾多．李奧帕德（Aldo Leopold）用自然的角度詮釋季節所帶來的豐饒和殘酷，因為有寒風、冰雪的淒涼景色，才有陽光明麗的溫暖可以期待。

長期以荒野為居的他曾說，一塊翠綠的草原，在白雪覆蓋大地的冬天，可能也是一塊陰森的「屍骨場」，然而這些屍骨腐化後，卻成為滋養大地的絕佳養料，帶來了循環不息的大自然。

「少了狼，並不意味著鹿群的增加！」

鹿群少了天敵，造成繁殖過剩，影響彼此賴以生存的食物，最後只會飢餓而死。

恐懼無形中喚醒我們的危機意識，就像是鯰魚效應（Weever Effect），一條鯰魚竟能讓大多數的沙丁魚存活下來。

生存的積極意義，就在於展現生命力，也就是在變遷的大環境下的生存策略。這樣的觀點，竟然和講求「順乎天而應乎人」的《易經》如出一轍。

在人生的長河裡，我們泅泳其中，除了感受暢遊的快樂，也會歷經驚濤駭浪的襲擊，但我們終會挺過黑暗，最後游向一片光明。

知「易」
不壓抑的恐懼練習

想想看，有哪些令你感到恐懼的事？

恐懼不全然都是壞處，它也無形中喚醒我們的危機意識，激發出我們面對「生存」這件事的積極意義。

對於懼怕的心情，到底從何而起？

試著在害怕的時候，跳脫出來，深入探索引發恐懼心理的原因，是從小受傷的陰影所致？人云亦云所致？自我要求所致？病痛纏身所致？

唯有練習面對恐懼，才能戰勝恐懼，打破禁錮身心的牢籠。

說「易」☯ 易經白話釋義

山上有水，蹇，君子以反身脩德。（蹇卦．象傳）

初六：遯尾。厲。勿用有攸往。（遯卦）

山上大水氾濫、落石坍方，把前方的去路都堵住了，明知道有危險，就不該貿然前進。

蹇是跛的意思，險阻在前方，無法順利通行，就像跛腳的人行走困難。

停止自己折磨自己了，除了前進，我們還可以練習反身動作——後退。遇到事情窒礙難行，適時停下腳步，看看眼前時局，重新找另一個替代方案，才是明智之舉。

遯卦告訴我們——逃就是不逃。

遇到突發的危險，最好的方式還是以不變應萬變，保持平常心，就不會為現象所惑。

心中有鬼，鬼就會出現。

心魔，只是反映並放大內心的恐懼，不逃避，勇敢面對，才能轉化恐懼。

九三：繫遯，有疾，厲，畜臣妾吉。（遯卦）

當心中有所牽掛，就像是把無形的鎖鏈反綁在身上。那些防止我們逃跑的事物，像是金錢、權勢、利益、情感、生死等，當我們滿足於表象的感官經驗，就像追逐著虛妄不實的影子，困於世俗，就無法超然物外。在人生的長河裡，我們泗泳其中，偶爾遭受驚濤駭浪的襲擊，但挺過黑暗之後，最後終能游向一片光明。

04

自處練習：就算被討厭也沒關係

如果孤獨也有等級，
你的孤獨排行，
會是第幾名？

有時候，彷彿全世界只剩下你一人。

一個人吃飯，一個人搭車，一個人看電影，一個人獨自搬家，一個人四處逛街旅行，一個人沉入純白色夢鄉。

這時候已經沒有別人了，就和自己好好相處吧！

∴一個人的用餐，一個人的修行

「披頭四」約翰藍儂（John Lennon）曾說：「你享受著浪費的那些時間，不是浪費。」意味著當我們漫無目的做著一些看似無意義的瑣事，反而是一種美好的創造。

既然現在有大把時間可以自處，不如抓緊這個認識自己的大好機會！

改編自漫畫的日劇《孤獨的美食家》，描述一位從事雜貨貿易的自營商，沒有老闆、沒有同事，也沒有情人的他，呈現出城市中許多孤單者的樣態。

忙碌工作之餘，最大的樂趣就是品嘗美食，其中的特別之處在於，喜歡獨來獨往的他，用餐時不愛受人打擾，認為如此才能好好享受美食帶給他的感動。

少了與人應酬的客套，或是一群人大聲喧嘩，同時不受拘束的尋訪異地餐廳市集、巷弄小店，在各處的餐桌上，食物才是重點。

當他專注在眼前的美食，透過每段品味當下的孤獨時光，彷彿在與食物對話，與自己對話，與延伸出去的人生百態對話。

澤滅木，大過。君子以獨立不懼，遯世無悶。——大過卦・象傳

《易經》說，當水澤氾濫就會淹沒大樹，使人感到遺世而獨立，自己彷彿成了一座孤島，茫茫然的孤獨感油然而生，然而擴大眼界來看，在巨大的孤獨之下，才能看得更深廣，這種超然的感受可以使人忘卻恐懼，而且不感到憂慮煩悶。

一個人的用餐時刻，彷彿成了自我修行之旅。

孔子在《禮記》講到：「飲食男女，人之大欲存焉。」常常聽到有人餓到昏頭，或營養不良而生病死亡，甚至很多地方糧食嚴重不足，飽受饑饉之苦，為了存活，人的一生可說無法脫離食物。

然而吃飯，絕對不是為了止飢和活下去而已，從選擇、準備、咀嚼、吞嚥到進入身體，這份實際的滿足轉化為救贖，為心靈帶來莫大的安慰。

故事中有句台詞：「比起坐在一家靜悄悄的店，身處在這種在地居酒屋的喧囂歡鬧中，反而更能令人感到冷靜安穩。」

因為一個人，更能夠感受食物的滋味，從空間中抽離出來，觀看周邊的人情樣貌，進而開始揣想：每個來來去去的人，都是抱著何種情緒坐在這裡？老闆怎麼老哼著一首輕快的歌？進門的他為何選擇這家餐館？她又點了哪道菜？有人哭了？那群年輕小夥子笑鬧中說了些什麼？——裡頭蘊藏著多少深刻動人的故事。

隨著時間和場景的流轉，若是繼續追問下去，還能抽出多少美麗的人生絲線？沿著其中一條絲線走，又可以走到哪裡？

於是，我們了解到，懂得享受孤獨，不只是一名美食家，更是一位生活家！

∵靜心自處，才能安穩

曹植的〈釋愁文〉：「愁之為物，惟恍惟惚，不召自來，推之弗往。尋之不知其際，握之不盈一掌。寂寂長夜，或群或黨，去來無方，亂我精爽……」

憂愁使人心煩意亂，既見不到，也摸不著，常常不請自來，還趕也趕不走，整個人也為此枯槁憔悴，一臉病容，精氣神蕩然無存。

「到底是什麼樣的東西，把你折磨成這樣？」

「哎呀，我得的正是憂愁病！」

憂愁不分貴賤、不分長幼、不分種族，也不分男女，古今中外的人們，都要面對「憂愁」的侵擾，而且它經常在你一個人時，無聲無息的偷襲。

因此，曹植藉由虛構的自問自答，企圖排除內心獨自憂愁的心情，藉此轉化壓抑的情緒。

當一個人悶得發慌，或是失眠，從一隻羊數到一萬隻羊，依然躺在床上翻來覆去，這時候起身做些什麼，都比躺著苦惱來得好！

棟橈，本末弱也。剛過而中，巽而說行，利有攸往，乃亨，大過之時大矣哉。

——大過卦．彖傳

《易經》說，一棟房子的棟樑歪曲不正，眼看就要倒塌，應該趕緊找到另一處安身的場所，才能遠離禍患，使自己平安。

人的身體也是如此，藉由中間的脊椎支撐起整付骨架，我們才能行走得安正，坐臥得安正。

當心中的支柱開始腐敗，就要留意接下來的崩盤效應。

這裡說的「歪曲不正」，不單純指外在空間，若是內心空間已經受到憂愁的毒害，開始變得殘破不堪、搖搖欲墜，應該趕緊抽離當下的思緒，尋找紓壓的方式，正如易經說的「利有攸往」，從憂慮中走出來，不管是找人談一談，或是暫時離開擾亂你的地方，做點開心的事，才不會困在其中，無法自拔。

當年悉達多太子在菩提樹下獨自打坐，獨坐期間，總有許多的干擾，除了難忍的飢餓、蚊蟲、訕笑和怒罵，更要抵擋美豔魔女的誘惑，歷經無數煩惱魔障之後，終於在第四十九天後悟道，破除妄想，放下執著，從塵世煩腦中超脫，成為釋迦摩尼佛。

情愛中過度依賴對方，無法獨立自主，日子一久，關係的樑柱同樣會慢慢鏽蝕。

「這點小事也要急著叫我回來嗎？妳怎麼什麼都不會處理？」也許你也不明白，原本率性果斷的個性，換在愛情裡反而無法輕易作主。

「今天工作疲累，可否改天再去慶祝？」拗不過電話那頭的撒嬌甩賴，只好撐著疲累的心情作陪。

一旦被依賴的那方也需要撫慰和支持時，卻無法得到適切的溫暖回應，這時情感就容易轉向，當有人可以承接他的失落，聆聽他的落寞，等於無形中把另一半推給了別人，同時給了「第三者」最好的機會。

佛經常講：「菩薩畏因，眾生畏果。」情感出軌都是壞果，那麼因就是不能順暢互動而現的裂痕，我們必須知道所「畏」何來？

儘管我們無法斷然遠離俗世紅塵，這需要更高遠的境界，但是，練習獨立不偏倚，親密關係中保有適當空間，跟讓心走在澄清的路徑是一樣的道理。

靜心，才能安穩；靜心，就能不愁。

靜心自處，才能從人世間中獲得解脫。

原來，所有的煩惱與不如意，都是當下一念。

念走了，煩惱自然也跟著走。

∴ 做好自己，就算被討厭也沒關係

像自由這樣的字眼，
說起來美妙香甜；
自由之歌叩擊著我的心，
從早到晚，一天又一天。
像自由這樣的字眼，
差一點使我流出淚來——
你要是有我的經歷，
就知道我為什麼這樣！

——美國詩人藍斯頓．休斯（Langston Hughes）

某些時候，孤獨是自願的，某些時候，孤獨則是被迫的。歧視，便是最恐怖的霸凌。

非裔美籍的藍斯頓．休斯，用文字寫下他對自由的渴望，但是這個簡單的想法，走到現在，依然還沒有走到終點。

電影《關鍵少數》（Hidden Figures）背景是六〇年代的美國，還原當年美國種族隔離政策。那時的法律默許了種族主義的合法性，極度保障白人權益，打壓並貶低有色人種的生活空間，辦公室、公共場合都設有「白人專區」、「有色人種專區」，甚至連廁所也是如此。

描述三位非裔女性因膚色和性別屢屢遭受歧視，從一開始的隱忍、工作上處處遭受打壓，也不能發表自己的意見，到後來憑藉專業能力，獲得眾人信服，為自己爭取到該有的權益。

其中一位不僅捍衛自己的工作價值，還會帶領其他和自己有著相同難題的姊妹，一起向前衝，彷彿在說：「我好，妳們也要好，讓我們一起變好！」

具有前瞻性的她，擔心工作會被大舉入侵的 IBM 電腦所取代，於是努力讓彼此增值：「別擔心，學啊！讓我們自己變得有價值。」同時清楚每一位夥伴的專才所在，輕鬆派任工作，儼然就是最佳主管的典範，最後順利當上 NASA 首位非裔管理幹部。

其中一位想成為工程師，就必須取得文憑，然而申請就讀的學校只限定招收白人。後來受到激勵的她，決定前往法庭請院。

她壓抑內心的激動，對著白人法官說：「你比任何人都清楚首開先例的重要性。今天可能會有一百個案子等著你的裁決，但是一百年之後，人們會記得什麼案件？」

終於，這段不卑不亢的感人應答深深打動了法官，她獲得就讀夜間部的入學證明。

其中一位從小就是個數學天才，藉著精準且高超的計算能力，進到「國家航空暨太空總署」協助衛星發射任務，計算軌道運行和降落數據，最後成功把飛行員送上太空。

然而，和她一起共事的白人科學家們，幾乎把她當成計算工具，龐大的工作量卻沒有應得的報酬，加上處處都是歧視的眼神，使她經常處在孤立邊緣，甚至尿急時，需要跑至八百公尺遠的另一棟大樓，才找得到專屬洗手間。

時代進步的腳程比起A.I.人工智慧還要緩慢，逼得她們沒得選擇，掉完眼淚後，依然堅信——從哪裡跌倒，就必須從哪裡爬起來。

對於戴上有色眼鏡的那群人來說，她們也許不是天生就被認定的那種完美女人，卻是真實人生中努力不懈的勇敢女性，進而翻轉生命，成為保守年代裡的平權先鋒，無可匹敵。

人生腳本各自各精彩，儘管起步異常艱辛，卻培養出堅韌不敗的實力。

奧地利心理學家阿德勒（Alfred Adler）曾說：「有人討厭你，正是你行使自由，依照自己生活方針過日子的標記！」

也許別人對待我們的方式，會使自己感到莫名自卑，好像我們就該接受這樣子的待遇，但是事實並非如此——你沒錯，是他們錯了。

「君子以獨立不懼」，追求真正的平等也許不存在，但並不妨礙我們活出一個人真正的樣子。

有時人生的滂沱大雨無情地打在身上，也要冷靜地告訴自己：「千萬不要為此崩潰。」我們不必低聲下氣，依然可以選擇不卑不亢，勇敢接受迎面而來的考驗。

山上有木，漸，君子以居賢德善俗。——漸卦．象傳

《易經》說，高山上的林樹總是緩慢地成長，它們也許不被輕易看見，卻持續

在壯大自己。處在低谷當中，正好可以修心養性，累積自己的能力，等到蓄勢待發那一日的到來。

做好自己，就算被討厭也沒關係。

當所有人都質疑你的時候，就用能力讓它們信服吧！

背對太陽，只會看見影子，老是欺負弱勢的霸凌者，也許都只看見影子，就誤以為威脅逼近，而胡亂揮拳開槍。

那些使人畏懼的黑影，也許是種族、性別、膚色、信仰、職業、文化，唯有當你轉身面對太陽，才發現原來是自己遮蔽了亮點。

唯有打開心界，接納異己，才能打破僵化的限制。

也許你正獨行在人生的長路上，只有自己和自己作伴，也不要輕易感到氣餒沮喪。

沒有別人，那就為自己而活。

一個人吃飯，剛好可以構思小說人物，或是發想提案。

一個人搭車，正好可以欣賞各式各樣的音樂，練練京劇也不錯。

一個人看電影，也許會有豔遇也說不定。

一個人獨自搬家，新的住處總有鄰居吧，敲敲門，守望相助一下。

一個人四處逛街旅行，沿途的風景可精彩了，搭搭順風車也不賴！

一個人沉入純白色夢鄉，休息才是王道，醒來又是美麗的一天。

一個人不等於寂寞，獨處也不是弱勢，跨出腳步，展開行動，學習雁鳥精神，邊看、邊停、邊飛，訂立具體的目標，按部就班執行，先別管終點在哪裡，只需要知道——永不放棄，繼續前進，更何況到處都可以停下來休息。

一如易經提到「飲食衎衎，不素飽也」，當你越過懸崖、走過泥濘，卻在水邊的高地上看到鴻雁自得其樂，那正是實踐心中的理想抱負後，所感受到的至高喜悅。

知「易」不壓抑的自處練習

你應該知道J.K. 羅琳，它就是一個人待在咖啡廳，轉化生活中的苦悶和困境，寫出充滿想像力的魔法故事——《哈利波特》，進而改變人生、翻轉逆境，從失業的單親媽媽搖身一變成為暢銷作家！

一個人的時候，正是充滿創造力的時刻，還有什麼好害怕的呢？

練習自處，也等於解決人生的困局。

找個空虛寂寞覺得冷的下午，試試看一個人窩在咖啡館，欣賞帥氣或美麗沖泡師為你拉花。

孤獨本身不苦，苦的是執著於「我正在孤獨」這件事的人。

苦到極致的品味，就能嚐到甜，莫非那些偏愛喝黑咖啡的人，知道這個小秘密。

說「易」◉易經白話釋義

君子以獨立不懼，遯世無悶。
（大過卦．象傳）

棟橈，本末弱也。剛過而中，巽而說行，利有攸往，乃亨，大過之時大矣哉。
（大過卦．彖傳）

當水澤氾濫就會淹沒大樹，使人感到遺世而獨立，自己彷彿成了一座孤島，茫茫然的孤獨感油然而生。然而擴大眼界來看，在巨大的孤獨之下，才能看得更深廣，這種超然的感受可以使人忘卻恐懼，而且不感到憂慮煩悶，當考驗來臨，應當不卑不亢，勇敢且無懼面對。

一棟房子的棟樑歪曲不正，眼看就要倒塌，應該趕緊找到另一處安身的場所，才能遠離禍患，使自己平安。人的身體也是如此，藉由中間的脊椎支撐起整付骨架，我們才能行走得安正，坐臥得安正。「歪曲不正」，不單純指外在空間，若是內心空間已經受到憂愁的毒害，開始變得殘破不堪、搖搖欲墜，應該趕緊抽離當下的思緒，尋找紓壓的方式，正如易經說的「利有攸往」，從憂慮中走出來，不管是找人談一談，或是暫時離開擾亂你的地方，做點開心的事，才不會困在其中，無法自拔。

山上有木，漸，君子以居賢德善俗。（漸卦．象傳）

飲食衎衎，不素飽也。（漸卦．象傳）

高山上的林樹總是緩慢地成長，它們也許不被輕易看見，卻持續在壯大自己。

處在低谷當中，正好可以修心養性，累積自己的能力，等到蓄勢待發那一日的到來。

當你越過懸崖、走過泥濘，卻在水邊的高地上看到鴻雁自得其樂，那正是實踐心中的理想抱負後，所感受到的至高喜悅。

一個人不等於寂寞，獨處也不是弱勢，跨出腳步，展開行動，學習雁鳥精神，邊看、邊停、邊飛，訂立具體的目標，按部就班執行，先別管終點在哪裡，只需要知道——繼續前進。

05

捨得練習：主動放下就不再心痛

弟子：「何謂執著。」
師父：「你現在提著的就是了。」

有人說，人一旦出生，就是邁向死亡的過程。這句話所言不假，但我們可以換個角度來看。長長短短的一生，有著許許多多的聚散離合，而且往往來去隨意，無法強留。當你停在終點路上，你還想提著什麼？

∴一往情深，原來只是痛苦加身

在生與死的中間，如果能早點把老提著的捨下，是不是就能走得更遠？留下更多深刻動人的故事？

人總為癡情所苦，為情所困的例子有太多太多了，少年維特、林黛玉、三毛、徐志摩等等等，古今中外皆然。

因此，歌頌或詛咒愛情的人也比比皆是，英國詩人濟慈（John Keats）認為：「愛情中的甜漿可以抵消大量的苦液。」張愛玲則說：「見了他，她變得很低很低，低到塵埃裡。但她心裡是歡喜的，從塵埃裡開出花來。」讓人見識到愛情如何徹頭徹尾地改變一個人。

唯美主義作家王爾德（Oscar Wilde）寫下：「人生就是一件蠢事追著另一件蠢事而來，而愛情則是兩個蠢東西追來追去。」說起來輕快，追趕跑跳碰的真實場景，總讓人磕磕碰碰，滿身傷痛。

詩人夏宇則認為想念不如提早懷念：「把你的影子加點鹽／醃起來／風乾／／老的時候／下酒」，則是一場充滿血腥儀式的黑色幽默。

「砍殺前女友五十幾刀」、「已婚婦勒死小情人」、「吃飛醋，酒吧外大打出手」、「告白遭拒，資優生殺校花」……，每日新聞媒體報導已成了家常便飯，彷彿天天都有恐怖情殺，使人不寒而慄，對愛情更是傷透了心。

愛情是否還可以相信？那些以愛殉身的人，可能沒想到他們一時衝動下的所作所為，不只讓心愛的人香消玉殞，也使自己揹負一條殺人罪名，一生都要受良心譴責。

當員警偵訊那些為愛犯罪的人，口供裡聽到的竟是：「既然得不到，那就毀了他／她！」

太多的捨不得，造就分離時的慘痛代價；太多的放不下，成了玉石俱焚的執念。

否之匪人，不利君子貞，大往小來。——否卦

《易經》說，當兩人的溝通已經閉塞不通，又如何能得知對方的情意？當生活中的折磨已無法忍受，又如何看到對方的需求？這時候對愛所做的承諾，也只是空話。

當愛離去，恨就緊跟而來，這是什麼道理？

感情一如四季，總有晴天雨天，如同自然循環，唯有順應改變，風雪來時，草木不長，等到陽光出現，融冰又變成滋潤的水源，但是重點是，你要用什麼心態度過漫長的寒冬？

老話一句：天有不測風雲，人有旦夕禍福，失去時，不必感嘆失去，得到時，只需要好好珍惜。

有些人擁有時不夠關心，等到戀人變心才又緊抓不捨，本末倒置的做法，想一想，其實那些人並不愛對方，愛的只有自己，因為怕分離的孤單，把自己和對方的幸福都葬送。

也許你也會懷疑，難道分離的故事不能有更美好的結局嗎？

愛到最後，怎麼會成了恨？

「情不知所已，一往而深。」然而，愛情並非神話，既然有開始，當然就有結束，就是因為過去對愛情存有太多不切實際的浪漫幻想，造就相處時心理上的極大落差，或是那個人其實並不適合你，卻依然執迷不肯鬆手。

其實，你緊握著的，不是正向的愛，而是反向的執念。

法國巴黎有座藝術橋（Pont des Arts），又被暱稱為情侶們的「愛情橋」，甜蜜的兩人會走在美麗的塞納河畔，在橫跨河道的橋墩某處掛上鎖頭，許下永恆誓約，同時將鑰匙丟入河中，象徵永不分離的愛戀。

「你有沒有愛過我？」

「我愛你，永遠停在此時此刻！」

然而看似浪漫的約定，累積了估計百萬只鎖頭與執念，無形中為這座橋帶來龐大的壓力，不只危害橋樑結構，有倒塌傷人的危險，也影響生態環境，禍及文化古蹟，於是政府下令全面拆除，我在想滿滿的鋼鐵重負，換作是人肯定受不了。

一時的浪漫情懷可以當作遊戲，但真的把彼此的心給上了鎖，不只鎖住別人，也困住自己。

但是，為何如今卻依然有許多人急著為自己掛鎖，把自由交付給他人託管？

愛了別人，卻往往忘了愛自己。

你的幸福不需要一把鑰匙、一座塔橋，或某個男男女女來證明。

曾經讀過一段文字，剛好說出了愛的四種面向：「在對的時間遇見對的人，是一種幸福。在對的時間遇見錯的人，是一場心傷。在錯的時間遇見錯的人，是一段荒唐。在錯的時間遇見對的人，是一生嘆息。」

不管是「錯愛」還是「對愛」，原來，過度信仰愛情，反而失去愛情，一往情深只是痛苦加身。

關於愛情的名言佳句，我更欣賞是《小王子》安東尼．聖修伯里（Antoine de Saint-Exupery）所說：「愛情不是互相凝望；而是兩人一起望向同一個地方。」一起朝向同一個遠方，意味著這段路上可以結伴同行，在下個路口，想要分道揚鑣，帶著祝福互道珍重，也並非不可行。

捨不下，生命就是一攤死水。

人不能永遠沉溺在過去，唯有持續前進，或許，繞了一圈之後，兩人還有機會再次相聚。

愛情其實都沒錯，錯的是陷在其中的人，所做出荒唐的行為，如果能認清情愛的本質正是隨緣來去，對愛捨得，也許這些慘劇就能被重新改寫。

∴ 一毛不拔，卻把垃圾攬上身？

「蝜蝂者，善負小蟲也。行遇物，輒持取，卬其首負之。」唐朝柳宗元寫過一則寓言故事，有一種小蟲喜歡背東西，爬行在路上看到任何物品，不管大小都想把它收為己有。

於是背上就越背越重，有人看到牠這麼辛苦，於是幫牠拿掉一些負擔，但是當牠又重新可以行走時，卻又故態復萌，不管自己能力範圍也不聽勸說，依然把東西往肩上丟，最後在一條上坡路把自己活活壓死。

謙謙君子，用涉大川，吉。——謙卦．象傳

《易經》說，眼前一座大江阻擋著，想要涉江而過，就必須小心謹慎，放下高傲的定見，面對凶險的世局要謙卑，面對無常的貪求要寬心，面對滔滔的慾望要割捨，如此一來就可逢凶化吉，安全渡河。

人生這條大河，我們是帶不走所有家當的，太多的東西反而成了前進的阻礙，說起來也只是垃圾而已，適度捨棄不重要的物品，才不會慘遭滅頂的禍害。

我認識一位朋友，她老喜歡收藏一些物品，說收藏是好聽，其實是不分好壞都留下來，把整間屋子堆得像是雜物間，狹窄空間難以深入打掃，累積出沉重的灰塵碎屑，每當朋友到訪時，忍不住掩住口鼻，她也總要清理一番，才能夠騰出空間讓我們坐下。

有一次我告訴她：「妳何苦這樣呢？以現在的經濟狀態，又不缺這些物品，況且留下這些東西，怎樣也用不到？」

「怎麼會用不到？上次我煮粽子，就剛好用到這只大鍋子！」

後來，大家知道再怎麼勸阻也沒用，也就算了，究其原因，是早年經商失敗苦過了，加上中年喪偶，對失去的人事物感到深切遺憾，留不住的悔恨，因而轉向對物品的滿腔執念。

畢竟這是她自己想過的方式，知道她過得並不快樂，我們也無能為力。

可是，她真的想跟垃圾為伍嗎？只是，她的內心不認為那是垃圾，而是至寶。

那些被稱為至寶的物品，卻反過來影響了她的起居條件，沒有品質的生活，說到底還是會傷害一個人對美的想像。

然而，美感又是因人而異的主觀層面，這下更不好勸說了！

對物品有著萬般的不捨得，令我想起一則「大師拔毛」的故事。

有位懂得易理風水的大師來到了一戶人家，正好遇到當地出了名吝嗇的鄉長，平日裡習慣「把錢打上三千個節」，情願多跑三千公尺遠，只為省下五塊錢，錙銖必較也不願吃虧。

鄉長要大師幫他把豢養的猴子變成人形，大師二話不說就答：「好，我姑且一試！」

當他伸手拔了小猴子一根毛，猴子大叫奔逃，隨即不見身影，那名鄉長罵道：「變不出什麼猴戲，也不要亂拔我的幾根毛！」

也許是說得太快，鄉長竟把猴子的毛如視己出，當作自己的毛髮那般珍愛，誰也不能亂動亂拔。

這只能當作笑話來看，但假使把猴毛換成實際的物品、金錢，或是權勢、地位、名聲，那麼不豁然放手的執念勢必加深？

正因為現實世界裡，上演著太多「一毛不拔」的荒謬劇，讓人情願為財死、為名亡！

地中有山，謙，君子以裒多益寡，稱物平施。——謙卦・象傳

《易經》說，高山隱藏於地表之中，謙遜的美德隱藏於心中。把多餘的東西，給缺少的人，看似失去的多，得到的少，按照長遠來看，反而是截長補短，資源共享，有益於自己，有益於眾生，兩方都受惠，正是捨得的具體展現。

吃虧就是占便宜，小捨小得，大捨大得，不捨，什麼都沒有。

若沒有捨去「舊」，就不會得來「新」，這也是一種源頭活水的循環概念。

《繫辭》提到：「損，先難而後易。」確實全然的割捨，一開始很難做到，但我們可以試著練習，捨掉生命裡不需要的東西，丟棄旁支末節，只留下核心，也就更接近——道，《易經》所演繹出來的鬆綁之義，鬆心之道。

∴把心安住，跨越生死的兩難

《法華經》說道：「凡聚合的終將分離，升起的必然落下，相遇的也要道別，生命終將以死了結。」出生、相聚、分離、道別，一路到死亡，把人的一生做了清楚的交代。

儘管知道「升起落下」是常態，但人們都害怕生離，更別說是死亡了？

然而死亡真的就是永恆的消逝嗎？還是僅僅只是一場戲，幕升起了，所有人投入其中，盡情演繹，有時哭泣，有時歡欣，當幕落下了，我們鞠躬道別，期待有緣再相會。

生又何歡，死又何哀，走完一圈，說起來也只是回歸到原點罷了。

前天主教會樞機單國璽一生奉獻給信仰，七十二歲那年被診斷出攝護腺炎二期，相隔十一年後，八十五歲的他再度罹患肺腺癌第四期，醫生宣告只剩下四個半月的生命。

一連兩個癌症接續近身，當時的他頗為震驚，如同一般人的反應：「我不菸不酒，為什麼是我？」但內心似乎也有個聲音升起：「為什麼又該是別人呢？」

沒錯，為什麼不是我，而是別人？

當我們遇到困厄，陷於深淵無法動彈的時候，總認為真是倒楣透頂，麻煩事都找上門。但意外總是無所不在，就算做好萬全準備，仍有可能滑跤，而且誰有不生病的特權呢？

有人問他：「你認為這輩子奉獻最多是在什麼階段？」

他不假思索回達：「就是在得了癌症以後。」

當生命時鐘漸漸逼近，越來越響，我們能做的不是唉聲嘆氣或悔恨不已，那些可運用的時光，瞬間變得無比珍貴，你怎麼捨得再去浪費呢？

於是，單國璽馬不停蹄地展開數百場的「生命告別演講」，為的就是發揮自己的剩餘價值，看似掏空自己，實則豐富自己，壯大並延續信仰的力量。

疾病和意外就是世界上有名的「死亡學校」，教會我們無常。

一場大地震，房屋陷落、路樹倒塌、泥河湧動，死傷不計其數；一場恐攻，來不及逃的終結在殘酷的槍響中；一場塵爆，灼傷許多人的未來，沒有誰想過歡笑的遊樂場轉眼成為可怕的煉獄……

然而，就在天災無情降臨，卻激發出人類純粹的善行，那份意念，使人間成為天堂，那救人的身影，置死生於度外，穿梭在槍林彈雨、奔跑在火舌亂竄的現場，也守在醫院診間不眠不休地替傷患治療，而他們正是人間菩薩，當下就是天堂。

我有個朋友是個養生達人，從年輕的時候就菸酒不沾，每日早睡早起，生活步調靜緩閒適的他，住在郊區的別墅，飲食吃無農藥的有機蔬果，練瑜珈、勤跑步、演奏樂器，還拿過鐵人三項的獎盃，年近六十的他，幾乎年年都還看得到他勇健的身影。

我曾問：「有需要這麼拚嗎？」

他回答：「我把它當作生活的一部分，而不是競技！」

聽起來是個能照顧自己的人，身心靈面面俱到，照理說遠離城市的環境汙染和壓力，就算不是個健康寶寶，也該離病痛很遠才是。

然而，一次的健康檢查，竟被宣告罹患末期肝癌。

同樣的震驚、無法理解、頹喪失落、哭泣怨恨，通通在他的身上發生過，然而靜下心後，他慢慢地理解到生病沒有為什麼，這就是上天給予的答案。

人生如果是一種表演和競技，現在被賦予演出一位生病的人，或是面臨親友離世的劇情，你有權利決定要怎麼演！

我們除了接受各種加諸於外在的磨難，感受它漸進式或猛爆式的摧殘，當我們決定要如何承接它的時候，這份往下塌陷的缺損，將同時轉化成一股力量，一股把心安住的力量，讓我們得以跨越生死的兩難。

> 損，損下益上，其道上行，損而有孚，元吉。无咎，可貞，利有攸往，曷之用，二簋可用享，二簋應有時，損剛益柔有時，損益盈虛，與時偕行。——謙卦・彖傳

《易經》說，供奉神靈，祭祀天地，只要真心誠意，就算只有簡單兩盤食物也就足夠了。缺損並非不好，在卦象上也非絕對的凶兆，眼前看起來也許是失去了，但是凶吉就像是貢桌上的兩盤食物，沒有好壞之別，失去和得到也意味著沒有絕對的好處與壞處。

正如損失沼澤的土壤，用來增加山的高度，山高水深，截長補短，唯有願意先面對割捨的難題，而後才能在心境上有所獲得和提升。

把心安住，練習在當下「止觀」，停止一切的妄念，貪生是妄念，怕死也是妄念，在明鏡如水的大智慧當中，看見並放下自己所執著的念頭，感受到身心靈的輕靈狀態。

損壞有時，剛健有時，正如快樂有時，悲傷也有時，一切源於自然，最後總會歸於一種圓融與和諧，失去的也許是心愛的物品，道別的也許是寶貴的生命，完成的卻是更大的平靜與喜悅，因為你知道，這一生將不再有所遺憾。

知「易」不壓抑的捨得練習

不捨過了頭，就成了吝嗇。

但捨過了頭，難道就會一無所有嗎？

想一想，你心中最在意的東西是什麼？若是把它丟掉，你又會有什麼反應？

檢查一下你周圍的物品，哪一樣是不重要的，有哪些又是可以馬上丟棄的？

巡視一圈後，是否覺得每樣都「可能」用到、「有機會」使用，因此每種都難以割捨呢？

捨得是一種大智慧，也是超越身為人的境界。

捨不下，生命就是一攤死水。放著不用，反而是種浪費。

人生不是抱著虛妄的物品、金錢、感情、名聲而活，練習吃虧不生氣，探索情緒的來處與去處，走在生與死的橋樑上才能夠不徬徨，把心安住，把失去當作家常便飯，你會發現，留下來的原來才真正符合所需。

否之匪人，不利君子貞，大往小來。（否卦）

謙謙君子，用涉大川，吉。（謙卦・象傳）

損，先難而後易。（繫辭）

當兩人的溝通已經閉塞不通，又如何能得知對方的情意？當生活中的折磨已無法忍受，又如何看到對方的需求？這時候對愛所做的承諾，也只是空話，不可流於執著。

當你緊握住雙手，手中什麼都沒有，感情一如四季，應學習正向無私的愛，擁有時，記得好好珍惜，失去時，不必感嘆失去，給予美好的祝福。

眼前一座大江阻擋著，想要涉江而過，就必須小心謹慎，放下高傲的定見，面對凶險的世局要謙卑，面對無常的貪求要寬心，面對滔滔的慾望要割捨，如此一來就可逢凶化吉，安全渡河。

人生這條大河，我們是帶不走所有家當的，太多的東西反而成了前進的阻礙，說起來也只是垃圾而已，適度捨棄不重要的物品，才不會慘遭滅頂的禍害。

全然的割捨，一開始可能很難做到，但我們可以試著練習，捨掉生命裡不需要的東西，丟棄旁支末節，只留下核心，也就能接近——道，《易經》所演繹出來的鬆綁之義，鬆心之道。

地中有山，謙，君子以裒多益寡，稱物平施。（謙卦・象傳）

損，損下益上，其道上行，損而有孚，元吉。无咎，可貞，利有攸往，曷之用，二簋可用享，二簋應有時，損剛益柔有時，損益盈虛，與時偕行。（謙卦・象傳）

高山隱藏於地表之中，謙遜的美德隱藏於心中。把多餘的東西，給缺少的人，看似失去的多，得到的少，按照長遠來看，反而是截長補短，資源共享，有益於自己，有益於眾生，兩方都受惠，正是捨得的具體展現。

捨去「舊」，得來「新」，也是一種源頭活水的循環概念。

供奉神靈，祭祀天地，只要真心誠意，就算只有簡單兩盤食物也就足夠了。

缺損並非不好，在卦象上也非絕對的凶兆，眼前看起來也許是失去了，但是凶吉就像是貢桌上的兩盤食物，沒有好壞之別，失去和得到也意味著沒有絕對的好處與壞處。

正如損失沼澤的土壤，用來增加山的高度，山高水深，截長補短，唯有願意先面對割捨的難題，而後才能在心境上有所獲得和提升，感受到身心的輕靈狀態。

06

感恩練習：原來脆弱中有著堅強

「我自私嗎？」
「我慷慨嗎？」

我們都是平凡的人，
難免會犯錯、忌妒、
厭煩和無法割捨……

予。

然而，我們卻同時也可以是超凡的人，能夠認錯、寬容、鬆綁，及無條件的給愛和感恩，使眼光不只看到自己，那道象徵幸福的光束，也照見身旁千千萬萬的紅塵。

∴幫助別人，就不覺得日子苦

隨著年紀增長，白髮多了，皺紋多了，體重和脂肪也跟著多了，然而智慧呢？是不是也會隨時間日復一日的增長？

「慈悲沒有敵人，智慧不起煩惱。」當我們越長越大，卻驚覺煩惱越來越多，才知道長的並非智慧，而是煩惱，增的不是慈悲，而是敵人。這底到是為什麼？

聖嚴法師曾說人生的四種福分，乃是——知福、惜福、培福、種福。

知福，安貧樂道，才能知足常樂。

惜福，珍惜擁有，才能感恩圖報。

培福，廣布善念，願意給人方便。

種福，愛己愛人，願意給人安慰。

如此一來，隨著時間的流逝，福田相對就會不斷增長，同時隨著你行走經過的腳步，一一散佈在各處，並連結成一片更大的範圍，擴成大蔭，造福更多人。

直到有一天，你終於發現到，起心動念已經不單單想到個人，還會想到別人，除了把自己照顧好，也擴及到愛護旁邊有需要的人。

原來，這就是成長。

陷必有所麗，故受之以離。離者，麗也。——《序卦》

《易經》說，當我們陷於低谷中，一定會有一個光明的力量指引著我們，找到向上的方向。

我是無意中在臉書上看見這個看似微小，實則偉大的善舉。

人稱阿諾老師、本名吳文志的他，是個國中體育老師，自主發起「蒙面淨山」活動後，從此足跡踏遍全台灣大小山頭、海邊、風景區等，夏天頂著豔陽，冬日抵擋寒風，甚至冒著可能受傷的危機，用實際行動為這塊土地盡一份心力，也同步在個人臉書上頭分享這份「豐碩」的成果。

益，利有攸往，利涉大川。——益卦

《易經》認為，就長遠性來看，適合遠行，動身出發，面對艱難險阻也是有益處的，一如涉江過海，在危險中找到安身立命的理想和未來。

在他前往撿拾垃圾的過程，標準配備除了垃圾袋、繩索、長夾、帽子等之外，最特殊的就是套頭式的蒙面罩，他說：「蒙面代表心中『無我』，你不認識我，我不認識你，不為名，不為利，才能把事情做好。」這份單純的起心動念，深深感動著我。

然而，你可能沒想過，掉落於山谷中的垃圾，「蒙面師」必須用百倍力氣拉繩索才能夠撿上來，每爬一趟，肩上的垃圾就多了一袋，但心中的負重無疑也少了一塊。

說起來有點可笑，卻又有點難過，自己貪圖一時方便而隨意亂丟的垃圾，結果卻由別人上山下海來收拾，然而他卻依然默默前進，再以簡單的圖文記錄當下心情，使人從中發心感受。

回想起當初開始淨山、清海灘的起因，沒想到來自於學生的一句：「最近是否有日行一善？」心虛慚愧的他，於是開始千里之行。

只要有心，一個人也可以愛台灣，幫助自己，也幫助別人、幫助這顆岌岌可危的地球。

也許你會問：「這樣做，難道不辛苦嗎？」

當然辛苦，但是不做更苦！

當我們幫助別人，自己的苦相對就減輕一些；當我們懂得為別人的付出感恩，那麼這份苦就會轉為甘，再慢慢轉為甜。

做出一些犧牲，若能換來對於人生更美好的期待，是不是相當值得的一件事？無獨有偶地，《聖經》裡面也有一則「好撒馬利亞人」的寓言故事。

有一位猶太人在趕路的過程，遇到強盜打劫，不只偷走他的財物、衣服，更把他打個半死。重傷的他，靜靜躺在路邊，一旁的神職人員也不願意伸出援手。

後來，一個撒馬利亞人路過看見了，動了慈悲之心，撇下猶太和撒馬利亞之間的種族之別和歷史仇恨，主動地醫治他。

「誰是那個願意伸出援手的人？」

這份見義勇為的仁慈善舉，後來更為法律所引用而頒布《好撒馬利亞人法》

（Good Samaritan law），希望發揚仁愛精神，鼓勵旁觀者對眼前的傷病人士施以援助，不用擔心因過失造成傷亡而遭到追究。

千萬別吝嗇於給予，因為當你還能給，而且給得起，那麼你正是一個幸福的人。

∴溫柔革命，感謝生命所有橫逆

面對失意，有時讓我們灰心喪志，停滯不前。

遭遇挫敗，有時讓我們怨天尤人，了無生趣。

我們又該如何為脆弱的心靈，帶來堅強的力量？

你的心底是否也有一塊陰暗潮濕、長滿霉斑的地方，那個陰暗幽深的一面，總是在孤單時刻跑出來，反覆折磨著你，考驗著你對生命的信念。

九三，日昃之離，不鼓缶而歌，則大耋之嗟，凶。——離卦

《易經》認為，為日出時刻感到歡欣喜悅，日落時刻也同樣可以引吭高歌，為之喝采，生命如此短暫，任何的風景當是當下最美的享受，若是悲傷於眼前的蕭瑟，那麼幸福也將跟著日落的陽光而消逝。

感恩生命，面對每一刻，不管是青春飛揚的初升氣息，或是日暮西山的景象。一如莊子「鼓盆而歌」，面對生死坦然處之，不用哀嘆和難過，面對打擊這件事，同樣抱持超然的態度，平常心面對，就能夠活在當下，把握此時此刻可以做的任何改變。

「在苦難的另一邊，有一條不同的路，會讓你更堅強、堅定，讓你去找到自己想要的人生。即使生命似乎要把你打倒，也要仔細注意有什麼浮現出來。」澳洲生命鬥士力克・胡哲（Nick Vujicic）如是說。

一出生就罹患「海豹肢畸形症」，一種相當罕見的先天性疾病，沒有四肢，只有小小卻五趾不全的腳，未來必須像棵植物般臥床終生。

如此不同於一般嬰兒的模樣，一度讓親生母親拒絕接受，更不願意擁抱這個孩子。

後來家人接納了他，讓他正常上學受教育，然而在他逐漸懂事之後，卻因為殘缺的外型而深深感到自卑，甚而患上憂鬱症，一度放棄求生的希望。

正因為家人的不放棄，把他從擺盪的懸崖邊拉回來。

彷彿重新活過來的他，開始執行他的溫柔革命，藉由不斷練習，超越肉體的限制，打球、游泳、衝浪樣樣來，也開始當志工、替孤兒募款，當你不再看見自己的不足，而能看見別人的需要，做你所能做的事。後來還成立「生命不設限基金會」（Life Without Limbs），以自身為例傳遞正向的力量。

《易經・繫辭》：「樂天知命，故不憂。」

順從宇宙天地自然的運行法則，了解沒有永恆的苦，也沒有永遠的低谷這層循環道理，做人處事上，怎麼還會被憂愁所綑綁？

這一條感恩之路，他走得比別人坎坷艱辛，也走得比許多人光彩奪目，如今的他已是一名散發愛與光輝的生命勇者。

當身體上的障礙都不成問題，心理上的挫敗更能隨清風一吹，而慢慢散去。就像大雨降臨，玻璃窗戶被潑灑得一片模糊，看不清外面的世界，室內籠罩在晦暗不明的光線之下，但你知道雨總會停止，與其執著於內在的痛苦，不如站起來做出一些行動，擦掉玻璃窗上的雨滴，掃除積水，再度看見外頭明朗的陽光。

活著，每一天都是奇蹟，只要用心把握每一秒鐘，就能讓日子過得既充實又幸福。

比：吉。原筮，元永貞，無咎。不寧方來，後夫凶。——比卦

《易經》說，相親相愛，相輔相成，在彼此信任之下實現對未來的美好想像；假使面對問題，不願做出行動，或是姍姍來遲，等到內心無法安寧才勉強依附，終將導致憂慮、不安、猜忌四起，而無法順利解決紛亂。

感情也是相同的道理，俗話說：「百年修得同船渡，千年修得共枕眠」，有幸成為伴侶，有緣結為夫妻，是累世多少的因緣聚合，才有機會走到這一步，一些人因為生活瑣事而頻頻爭執，把愛都吵掉了，誰都不讓誰的結果，成了兩看兩相厭的局面。

婚姻並非一味忍讓，而是有所進退，中間遇到的磨合，都是為了增進彼此的了解，原來你需要這個，原來我指的是這樣，在進退之間取得相處的共識，化解認知過程出現的歧異，才能共創幸福。

挫敗、失意、打擊，都是生命歷程中遇到的小落石，一份「善」的提醒，儘管過程和結果的不順遂，可能令我們當下憤憤不平，然而事後回想，真的就是不好嗎？

教宗方濟各在一場演說上分享：「溫柔不是軟弱，而是堅毅，唯有最堅強、最有勇氣的人，才會選擇溫柔這條路。」

權力越大，越要謹慎謙卑，通往未來的路，名叫愛與希望，扭動那扇門的鑰匙，正是一顆感恩的心。

感恩是一個雙向的正循環，在念頭啟動的時刻，無形中就會傳達給他人，形成一個善的迴圈，如此延續出去，就是成就一個美好的圓。

《了凡四訓》指出，做好事不在大小多寡，而在於那份真心誠意，勿以善小而不為，別忘了口惠也是一種語言的布施，鼓勵則是善的施予。

如果你也認同這份「不再壓抑」的人生練習，今天，就讓我們一起做點小改變吧！

這場溫柔的革命，彷彿撒下綿密的織網，承接住下墜的人群，為脆弱帶來堅強力量。

感謝生命中所有的橫逆，帶領我們完成了一場又一場的溫柔革命，成就了人生路上一段又一段的美好關係。

知「易」不壓抑的感恩練習

試著列出自己的感恩清單：

給家人：感謝你們總是做我的後盾，給予我溫暖的鼓勵……

給老師：謝謝求學路上的指引，為我傳道、授業、解惑……

給老闆：真心感恩工作上的啟發，認清魔鬼中所有的細節……

給朋友：很高興有你當麻吉，真誠指出我的缺失……

給同事：原來是你在我背後支援，下次換我挺你……

給郵差：謝謝你們風雨無阻地飛鴿傳信……

給服務員：原諒我曾經口氣不佳……

給捷運司機員：通勤時間裡，是你守護了一班人的安全……

給巷口麵店老闆娘：這份家常美味，謝謝妳讓我想到家鄉……

給心中的天使毛小孩：貼心的你，陪我快樂也陪我療傷……

說「易」易經白話釋義

陷必有所麗，故受之以離。離者，麗也。（序卦）

益，利有攸往，利涉大川。（益卦）

九三，日昃之離，不鼓缶而歌，則大耋之嗟，凶。（離卦）

當我們陷於低谷中，一定會有一個光明的力量指引著我們，找到向上的方向。

就長遠性來看，面對艱難險阻也是有益處的，一如涉江過海，整裝出發，在危險中找到安身立命的理想和未來。

日出時刻，我們感到歡欣喜悅，日落時刻，同樣也可以引吭高歌，為之喝采。

生命如此短暫，任何的風景當是當下最美的享受，若是悲傷於眼前的蕭瑟，那麼幸福也將跟著日落的陽光而消逝。

面對生死坦然處之，不用哀嘆和難過，面對打擊，同樣抱持超然的態度，平常心面對，就能夠活在當下，隨遇而安。

樂天知命，故不憂。（繫辭）

順從宇宙天地自然的運行法則，了解沒有永恆的苦，也沒有永遠的低谷這層循環道理，做人處事上，怎麼還會被憂愁所綑綁？

比：吉。原筮，元永貞，無咎。不寧方來，後夫凶。（比卦）

相親相愛，相輔相成，在彼此信任之下實現對未來的美好想像，成就美好關係。

假使面對問題，不願做出行動，或是姍姍來遲，等到內心無法安寧才勉強依附，終將導致憂慮、不安、猜忌四起，而無法順利解決紛亂。

PART 03

放鬆自癒，讓生命更美好

夏卡爾（Marc Chagall）曾說：
如藝術家的調色盤一般，
唯有愛賦予了生命和藝術的色彩，
人的一生始有了意義。

愛充滿著各式各樣的顏色，
豐富著我們的人生。
每一種顏色都有它的頻率，
對應著天，對應著地，
也對應著擁有它的人。

01

天地人相應，與自然共舞

「為什麼靜不下來？」
煩惱太多，思緒太亂，
對一切感到莫名厭煩？

腦袋裝得太多太滿並非一件好事，如此一來，思緒便無法像氣流一般自由流暢。

要是靜不下來，那就換個方式，起來走動走動吧！

∴慢行聽雨，人生不受限

《易經．繫辭》：「在天成象，在地成形，變化見矣。」

《易經》以自然現象的動靜狀態——天、地、雷、風、水、火、山、澤，因而衍生出了八卦，分別對應的是——乾、坤、震、巽、坎、離、艮、兌，再以陰陽卦畫交錯而形成六十四卦，奠定一部完整的易學。

如今，面對《易經》這部天書，已不再單純視為卜卦吉凶、算病改命的工具，而是藉由卦象的推演，明白把握當下、掌握良機、順天應地的重要。

在無常人生的變動世局下，一記當頭棒喝，使人清醒過來，同時提醒自己不為所亂。

「工作那麼多，事情這麼雜，好煩好亂怎麼辦？」

「很多事擠在一起，急起來反而容易出錯。」

當你靜不下來的時候，那就離開思慮吧！

「怎麼離開思慮？聽起來很困難……」

一點都不會，當你困坐辦公室，就離開椅子吧，到公園逛一逛；要是你陷在車陣無法動彈，就取消聚會吧；也許你剛和家人爭吵，先離開那個烏煙瘴氣的房間吧；或是和客戶溝通僵持不下，幾乎就要按耐不住怒氣，先走出會議室，到茶水間喝杯咖啡吧；當生活開始一成不變，壓力拉得你快要彈性疲乏，何不背起行李來場旅行？

當你離開了，記得把心一起帶走。

洗把臉，讓所有念頭隨著嘩嘩的水流沖走。

大口吸進新鮮空氣，想像煩悶遠去，天很藍，海很清，方寸之間一片澄明。

飛鳥遺之音，不宜上，宜下，大吉。——小過卦

《易經》說，應該順應自然的變化，不默守成規，懂得隨機應變，一如飛鳥遇

到危險而發出哀鳴之音，就不該再往上飛，暴露於危險之中，而是往下棲息，暫時遠離風暴圈。

一如《老子》也說：「上善若水，水善利萬物而不爭，處為人之所惡，故幾於道。」

至高無上的善，正如水的德性，有益於萬物，卻與世無爭，處在低下的場所，遇到卑劣的事情，也不起厭惡之心，根本上已經接近於道的境界。

水沒有固定的形狀，遇到什麼場合就變成什麼型態，我們的念頭本來應該像水一般來去，但總是受到執著、分別、是非、得失所惑，於是在身體、在內心留下一道道難以癒合的刮痕。

當我們不受意念的擺弄，好的、壞的、凶狠的、狂暴的都視為必然，接受它，讓它像是水流一般經過，無法停留太久的它，終會往更低處流去。心頭不亂，行為不亂，與人方便，隨遇而安。

如果我們的情緒一直處於低潮、憂鬱，那麼就會拉長念頭停留的時間，也會加深對自己的傷害。

《易經》說：「可貞無咎，固有之也。」破除無妄——不妄取，不妄予，不妄想，不妄求，內心自能不受遮蔽，清清如水。

任念頭如水，讓悲喜來去，隨著流動而滌淨思慮，學習放下的功夫，沉澱之後，慢慢看見自己本來就存在的平靜面貌，回到不假外求的貞定狀態。

於是，在天成象，宇宙日月星辰有它運行的原理，在地成形，地上草木萬物有它的盛衰法則，在人成事，因緣聚合的變化總是無常，唯有臨事以靜，遇事不驚，才能找到最好的應對方法。

因次，就算遭受狂風驟雨的襲擊，依然毫無所懼，還能緩慢從容地聆聽雨絲落下的聲音，並在跨出每一個步伐時，享受清風從臉龐吹過。

喘口氣，慢下腳步，領受生命每一刻的花開與花落。

知「易」不壓抑的自己

怎樣才能離開思慮的綑綁？聽起來好像很困難，事實上一點也不會，也許你可以這麼做：

- 當你困坐辦公室，就離開椅子吧，到公園逛一逛。
- 要是陷在車陣無法動彈，就取消聚會吧，在車上聽完整張爵士樂。
- 也許剛和家人爭吵，先離開那個烏煙瘴氣的房間吧，到街角的咖啡廳喝杯拿鐵。
- 或是和客戶溝通僵持不下，幾乎就要按耐不住怒氣，到茶水間透透氣，洗把臉，喝杯咖杯吧！
- 當生活開始一成不變，壓力大到令人彈性疲乏，何不背起行李來場輕旅行？

當你離開了，把心一起帶著走，回來時，記得把藍天綠水投映在寬闊的心中！

在天成象，在地成形，變化見矣。（繫辭）

飛鳥遺之音，不宜上，宜下，大吉。（小過卦）

可貞無咎，固有之也。（無妄卦・象傳）

《易經》以自然現象的動靜狀態，衍生出八卦，再以陰陽卦畫交錯而形成六十四卦，奠定一部完整的易學。

《易經》不單單作為卜卦吉凶、算病改命的工具，而是藉由卦象的推演，明白把握當下、掌握良機、順天應地的重要。

人生應當順應自然的變化，不默守成規，懂得隨機應變，一如飛鳥遇到危險而發出哀鳴之音，就不該再往上飛，讓自己暴露於危險之中，而是往下棲息，暫時遠離風暴圈。

追求貞定，不假外求。

當我們破除無妄——不妄取，不妄予，不妄想，不妄求，內心自能不受遮蔽，清清如水。

任念頭如水，讓悲喜來去，隨著流動而滌淨思慮，學習放下的功夫，沉澱之後，慢慢看見自己本來就存在的平靜面貌，進而安頓身心。

02

找回內在力量，與天地對話

恐懼黑暗，
卻忘了黑暗中才是觀賞星空的最佳時機；
害怕退步，
卻忘了退步原來是探索未來的美好嘗試。

∴走入易經，找到安頓身心的鑰匙

莎士比亞說：在時間的大鐘上，只有兩個字——現在。

但是，我們常常困於過去，想著未來，而忘了現在。

當《易經》作為一把鑰匙，開啟的又是哪扇門？

當《易經》作為一扇門，走進去又能看到什麼真相？

一如《金鋼經》所說：「過去心不可得，現在心不可得，未來心不可得。」

過去已經過去，不需要再苦苦緊抓不放，未來也還沒來，不用先拿來困擾自己，在過去和未來的中間，執著於現在也是虛妄，既然沒有過去、現在和未來，那麼又有什麼事情割捨不下？

「過往的情傷使我走不出來，只要想起仍會難過……」

「未來在哪裡？貧窮世代的我感到極度困惑……」

「當前的我遇到嚴重瓶頸，像是跌入懸崖卻卡在中間的樹枝，上不去也下不來……」

面對學生的真誠表露，老實說，我並不為他們擔心，因為心中的疑惑為他們開啟自我對話，他們在對我說出口以前，一定在腦海中盤旋許久，不停地問、不停地找，在不停地跌倒再爬起的過程，內心其實已經有了初步的解答。

每個人都有自己的仗要打，每個人也有自己的失落要面對。這份心情沒有人可以代勞，需要各自走過，各自領受。

正如李宗盛筆下的歌詞：「還記得年少時的夢嗎？像朵永遠不凋零的花，陪我經過那風吹雨打，看世事無常，看滄桑變化。」

也許我們偶然難免還是會惦記，難免會感傷，困於過去、現在或未來而難以自拔，這都沒有關係，卻也因而明白了「無常」是常態，拉高眼界，跳脫空間觀和時間觀，一切的來去都是自然的變化，彈指間，滄海成了桑田。

隨，元亨利貞，无咎。——隨卦

《易經》說，順從天地的自然運行，失足的時候，就停下來療傷、休息；飛黃騰達的時刻，就該清心寡慾，發揮影響力，多做一些有益眾生的事，才能利己又利人，趨吉避禍，離凶得福。

身心就像是一盞燈火，一旦進入內在深層的靜心關照，會在尋求的過程中逐漸明亮，前方的路也會顯現出來。

如同你抱著疑惑翻開這本書，讀到某些段落、某個篇章，突然想到了什麼，那扇門就會為你而開。一如出走的終會回返，迷途的人也會走向回家的路。

復：亨。出入無疾，朋來無咎，反復其道，七日來復，利有攸往。——復卦

《易經》認為，寒冬使萬物陷入長眠，當冷到極致，將有所逆轉，走到陰陽消長的轉折點，復甦的陽光逐漸劃破天際，露臉返照，大地得到生機，將重新回到欣欣向榮的繁盛景象。

現代自我心理學之父阿德勒（Alfred Adler）曾說：「一旦我們發現並了解生活的意義，我們即擁有把握整個人生的鑰匙。」

然而別忘了，掌燈者是你自己，不是別人，拿到了這把鑰匙，也要看你是否願意走進來。當你燃起燈火，找回安頓身心的鑰匙，開啟內在的力量，就能自在進出情緒的大門，不再為念頭所困，佳期也將不遠了。

知「易」不壓抑的自己

《易經》是一把鑰匙，開啟了清淨的大門。
《易經》是一扇門，帶領我們看見人生的實相。
身心就像是一盞燈火，一旦進入內在深層的靜心關照，會在尋求的過程中逐漸明亮，前方的路也會顯現出來。
如同你抱著疑惑翻開這本書，讀到某些段落、某個篇章，突然想到了什麼，那把鑰匙就掉在你的手中，那扇門就會為你而開。

隨，元亨利貞，无咎。
——隨卦

復：亨。出入無疾，朋來無咎，反復其道，七日來復，利有攸往。（復卦）

順從天地的自然運行，失足的時候，就停下來療傷、休息；飛黃騰達的時刻，就該清心寡慾，發揮影響力，多做一些有益眾生的事，才能利己又利人，趨吉避禍，離凶得福。

復，循環往復的意思，一如出走的終會回返，迷途的人也會走向回家的路。

儘管眼前的寒冬使萬物陷入長眠，當冷到極致，將有所逆轉，走到陰陽消長的轉折點，復甦的陽光逐漸劃破天際，露臉返照，大地得到生機，將重新回到欣欣向榮的繁盛景象。

03

易經花波學，找回不壓抑的自己

易理陰陽斷禍福
經論科學象與數
花宴盛開桃李春
波光聲色氣運開
學以致用乾坤轉

如果說《易經》是一份餵養心靈的神秘糧食，花波則是一份實質的智慧餽贈；結合兩者韻律，將能達到相乘的平衡。

∵鬆綁身心的易經花波

「什麼是花波？」

簡單來說，花波就是花的韻律，當花波的韻律震盪能和人體的情緒對話，也因為如此，花波成了一種具有療癒功能的科學方法，屬於生物能量的信息醫學，每一種花波都能對應一種或多種情緒，改善因情緒失衡所引起的相關症狀。

情緒如同天氣一樣無常，喜、怒、哀、樂時時刻刻都在上演，我們該如何面對它？世界上有多少人，就有多少種情緒在互相碰撞，若是理念相合也就沒問題，遇到一言不合的時候，又該怎麼辦？

假使無法控制內在情緒，發之於外，不只傷害自己，也傷害了別人。

花波能量的情緒轉換療法，不失為一種方式。

《易經》講求順應自然的放鬆之術，著重在心念的轉換，若是進一步運用「花波學」，導入源頭自然的治癒方法，義理相合之下，結合兩者互為對應的詮釋，由卦象的結果採行適宜的花波，一方面舒緩神經，鬆懈深層的壓力，一方面有助排解情緒的困頓，帶來真實的平靜與順遂。

「人法地，地法天，天法道，道法自然。」隨著自然韻律而生發的植物花朵，受到陽光、空氣、雨露、土壤的照拂及滋養之下，散發出的能量訊息，成了現象界最好的療癒師。

宇宙萬物生存與變化的法則，正是《易經》的理論核心——陰陽和諧。

因此，本書第四部「靈機易動，跨越人間變動」，將針對九卦的人格類型——坎卦、坤卦、震卦、巽卦、五黃卦、乾卦、兌卦、艮卦、離卦，分別檢視出生命卦，即能得出專屬個人的療癒花波，啟發紓解情緒的關鍵作用。

舉例來說，本命屬「震卦」的人，個性上可能較為剛硬率直，容易觀前不顧後，應避免交通外，則可以運用改善情緒缺失的花波，像是枸酸醬、矢車菊；坤卦的人，個性上較為多疑善妒，擔慮過度，健康上需留意胃痛、肚瀉、腸胃炎等症狀，則運用情緒對應的花波，像是松針、岩泉水、忍冬、矢車菊等。

身體內臟各有不同的振動頻率，藉由花波具有穿透力的共振與傳遞，以自然之道，養自然之身。

這股能量的轉換現象，掌握微妙的波動訊息，形之於內找到改善情緒的方式，化解困結的淤塞，行之於外透過能量訊息的轉換，恢復器官的自然脈動，達到療身、治心、修靈的和諧與平衡。

∴鬆心自癒的靈性祈禱文

佛教談誦經：「口而誦、心而惟、身而行，唯求得一顆清淨心；回向則是放下執著，不為自己，將功德迴向給一切眾生。」

聖經說禱告：「應當一無掛慮，只要凡事藉著禱告，祈求和感謝，將你們所要的告訴神，神所賜出人意外的平安，必在基督耶穌裡保守你們的心懷意念。」

《易經》則說：「中孚，豚魚吉，利涉大川，利貞。」（中孚卦）儘管祭拜的貢禮樸實簡單，只要心誠如一，即能感天動地。

因此，不管是什麼信仰、信奉何種宗教，祝禱的目的都是傳遞一份至高無上的感謝之情，由於明白生命無常，於是對於現世的安穩感激，對於飲食無虞感激，對於無病痛纏身而感激，同時身懷一顆悲憫之情，感知他人的不幸遭遇，願意給予無私地祝福。

祈禱其實不限時間、地點，只要一顆虔誠的心，行走時可以默誦，等車時可以默禱，源自一顆感恩的心，當你靜心專注於當下，內心潛在的微光就會匯聚更多的光源，吸聚更豐沛的愛與能量，形成一個能量場。

遇到什麼人、碰到什麼事、看見何種風景，其實都是由所思所想而形塑而成，一如暢銷書《秘密》指出的「吸引力法則」——所有來到人生中的一切人事物，都是以心靈意象將之吸引過來的，說的正是念力的匯聚，水到渠成，事情自然會圓滿成就。

量子物理學分析證實，外在物質的能量僅佔百分之五，更多的百分之九十五則來自心識念力，於是當人的意志力超越現實，達到無法想像的高度，就有可能轉變幻化的物質世界。

當我們學會與自己對話、與天地對話，進一步與隨時升起的念頭對話，這份溝通能讓我們鬆綁外相的禁錮，找回不壓抑的自己，達到身、心、靈的全然釋放。

現在，就讓我們開始這場對話之旅！

建議每天念完「靈性祈禱文」一至三遍後，可接續念誦「靈性淨化四句真言」，讓自己的身心靈充滿善的洗滌能量。

以下同時收錄其他的靜心禱文，可依個人習慣或需求，誦念其他經文，自我修持、迴向特定對象或一切眾生，開啟鬆心自癒的靈性大門，讓念頭得以轉換，身心有所安頓。

靈性淨化四句真言

對不起
請原諒我
謝謝你
我愛你

佛教回向偈

願以此功德，莊嚴佛淨土。
上報四重恩，下濟三途苦。
若有見聞者，悉發菩提心。
盡此一報身，同生極樂國。

靈性祈禱文

盡虛空 遍宇宙十方三世的神聖覺悟者、
父母、師長、怨親眷屬們……。

如果我〇〇〇，
我的家人、我的親友、以及我的祖先，
在思想、言語及行為上，
曾經觸犯您及您的家人、您的親友、您的祖先……。
那麼，我懇請你們的寬恕、原諒……。
讓這種清理、淨化、懺悔和釋放，
清楚所有的負面記憶、阻礙及不需要的能量和波動；
並把這些善的能量轉化為純淨的光……融入虛空法界。

我願意敞開心胸，接受生命全新的進展！
放下那些對我不再有益的事物。
我能時時覺察，經常放鬆；我能時時提醒，經常放下，
放鬆！放鬆！再放鬆……放下！放下！再放下……
我全身的每一個細胞
都散發著健康活力的光彩，平安喜樂！
我內在的清淨光明全然開啟！
我高貴的靈性悠然綻放！
我的身體越來越健康，我的生命越來越喜悅！

我要以虔誠、感恩、深信，發出祝福的心念，
祝福我生命中遇到的每一個人：
身心健康快樂、生命圓滿豐富，
再把這個祝福的心念擴大出去：
擴大……擴大……無限的……無限的擴大出去！
祝福全世界的每一個人，全宇宙的每一個生命。
願我們凝聚的真愛，守護這個蘊育萬物宇宙，
越來越清明！越來越祥和！

我們都開啟了內在無盡的寶藏，
充滿無限的慈悲與智慧，具足廣大善業福德。
感念天下萬物，同為一體的大悲大愛，普利一切眾生！
那麼所有的一切就都健康、幸福、喜悅、吉祥、圓滿！

餐前祈禱文

我是地球守護者
我帶著深切的愛與感恩
感謝我們所用的食物
是集大地、眾人、眾緣之力
點滴辛苦而成
我虔心懺悔曾無知的傷害地球及眾生
我懇請你們的寬恕原諒
讓慈心淨化的光能
修復您的傷痕
我願放下那些浪費資源
對我無益的食（事）物
我願珍惜物命
守護地球家園
世界因此而改變

我願學那救火的小鳥
「至誠盡心」感動上蒼
全球世人良善的醒覺蔬食
將創造美好新文明
我的身心越來越清新
我的生命越來越喜悅
大地母親浴火重生
如蓮花悠然綻放　芬芳久遠
山川大地回復生氣盎然
我們在慈光中
深刻體悟萬物同體的大愛
讓我們凝聚的共識
守護孕育萬物的大地
越來越清明　越來越祥和
祝福　所有的一切
皆幸福、吉祥、健康、圓滿

摩訶般若波羅蜜多心經（靜心禱文）

觀自在菩薩。行深波若波羅蜜多時。照見五蘊皆空。
度一切苦厄。舍利子。色不異空。空不異色。
色即是空。空即是色。受想行識。亦復如是。
舍利子。是諸法空相。不生不滅。不垢不淨。
不增不減。是故空中無色。無受想行識。
無眼耳鼻舌身意。無色身香味觸法。
無眼界。乃至無意識界。
無無明。亦無無明盡。乃至無老死。亦無老死盡。
無苦集滅道。無智。亦無得。以無所得得故。

菩提薩埵。依般若波羅蜜多故。心無罣礙。
無罣礙故。遠離顛倒夢想。究竟涅盤。
三世諸佛。依波若波羅蜜多故。
得阿藐多羅三藐三菩提。故知般若波羅蜜多。
是大神咒。是大明咒。是無上咒。
是無等等咒。能除一切苦。真實不虛。
故說波若波羅蜜多咒。即說咒曰。
揭諦揭諦。波羅揭諦。波羅僧揭諦。菩提薩婆訶。

美國神學家尼布林（Reinhold Niebuhr）的寧靜禱文

神啊，求你賜給我平靜的心，
去接受我無法改變的事，
賜給我勇氣去做我能改變的事，
賜給我智慧，分辨兩者的不同。
不為明天憂慮，享受每一個時刻，
把苦難視為通往和平的必經之路，
效法耶穌，照著他所行的，只要我降服在神的旨意下。
看清這個世界罪惡的真相而不是自己的角度來看世界。
只要我降服在上帝的旨意下，相信神必使萬物變為美好。
好讓我在今世可以快樂的生活，
也在永世與你在一起時，有極大的快樂。

麥帥（General Douglas MacArthur）為子祈禱文

主啊，請陶冶我的兒子，使他成為一個堅強的人，能夠知道自己什麼時候是軟弱的；使他成為一個勇敢的人，能夠在畏懼的時候認清自己，謀求補救；使他在誠實的失敗之中，能夠自豪而不屈，在獲得成功之際，能夠謙遜而溫和。

請陶冶我的兒子，使他不要以願望代替實際作為；使他能夠認識主——並且曉得自知乃是知識的基石。

我祈求你，不要引導他走上安逸舒適的道路，而要讓他遭受困難與挑戰的磨鍊和策勵。讓他藉此學習在風暴之中挺立起來，讓他藉此學習對失敗的人加以同情。

請陶冶我的兒子，使他的心地純潔，目標高超；在企圖駕馭他人之前，先能駕馭自己；對未來善加籌畫，但是永不忘記過去。

在他把以上諸點都已做到之後，還請賜給他充分的幽默感，使他可以永遠保持嚴肅的態度，但絕不自視非凡，過於拘執。請賜給他謙遜，使他可以永遠記住真實偉大的樸實無華，真實智慧的虛懷若谷，和真實力量的溫和蘊藉。

然後，作為他的父親的我，才敢低聲說道：「我已不虛此生！」

PART 04

靈機易動，跨越人間變動

觀水有術，必觀其瀾。
學地有術，必研究易。

《易經》是一本破譯人生密碼的導引，解開宇宙密碼的天書，不僅為中醫學和養生術奠下根基，同時蘊含著人生應對進退的真理，帶領我們輕靈跨越變動不居的人間世。

知命即轉運——各卦屬性的人生指引

（職場守則、感情指引、健康叮嚀）

卦象依理而述，如實以符號記載，同時告訴我們現在的狀況，給予面對未來，扭轉局勢的提示，吉與凶，好與壞，只是寬廣生命之河中的一個小逗點。

因此，絕對不可以過度執著於眼前的「相」。

重點是，知其卦理的層層演化，一如《易經》的提示，物極則反，事極則變，遇到「凶」時，該如何抱持平常心；看到「吉」時，又要怎麼留住它？

然而，我們又該如何知道自己的卦象？

以下提供一種簡單的卜算方式。

所謂的本命卦，就是依照出生年換算成八卦的代號：

1——坎，2——坤，3——震，4——巽，5——五黃，6——乾，7——兌，8——艮，9——離。

確定本命卦最簡單的方法，就是藉由速查表中進行查找，可利用本書附錄表格「本命算卦：男女出生年本命卦參照表（1924～2043）」，即可查到屬於自己的卦象，藉此獲悉屬於個人的職場守則、感情指引、健康叮嚀。

同時，也可利用一個簡單公式計算出來（請留意男女有所不同）：

男命：8減（民國出生年相加）等於卦數

女命：（民國出生年相加）減2 等於卦數

以上各算到個位數

例如：

（1）男——民國40年出生：8-(4+0)=8-4=4——巽卦

（2）女——民國40年出生：(4+0)-2=4-2=2——坤卦

如果最後等於0，則當9計算，如不夠減可以加9再減。

∴易經花波情緒療癒，讓你的人生更自在

鑽研《易經》多年，運用其中哲理，找出每個人不同的本命卦相性格，結合花波情緒療法，協助許多朋友解決人生中的疑難雜症。

前來諮詢的學員，心中都有不同的人生困境，卻在了解《易經》本命後，找回原本的自己，以及經過花波情緒療法改善，每個人都能更自在的生活，許多困難迎刃而解。

所謂知命即轉運，我希望在書中分享了解自己本命卦的方式，沒有艱澀的理論，而是用簡單易懂的方式，敘述九種卦相的性格特質、工作、感情與健康等面向，給予清楚的指引，並列出專屬的花波療癒配方，帶領你療癒身心靈。

每個人都是自己的主人，在了解自我後，皆有機會翻轉運勢，成為更好的自己。

01

坎卦：
人生需要耐性，
打磨後終究強大

你其實是個強大的人，只是未必喜歡展現。
聰明、敏銳、感情細膩，這些特質是雙面刃，
讓你在某些領域擁有自信、攻無不克，
但也讓你疲憊不堪，無論精神還是身體。

個性特質：聰明玲瓏、注意聰明反被聰明誤

易經花波情緒療法：落葉松、榆樹、胡桃（受外在環境影響）

健康注意：容易耳塞、腎氣不足、膽結石、生殖器官、泌尿系統、遺精

花波健康自然療法：落葉松、岩菁薇。

使用方法：將花波滴1滴（輕微）或6滴（嚴重），加在150-250cc溫水中飲用

你其實是個強大的人，只是未必喜歡展現。

聰明、敏銳、感情細膩，這些特質是雙面刃，讓你在某些領域擁有自信、攻無不克，但也讓你疲憊不堪，無論精神還是身體。

人生永遠需要耐性、需要思考。

正如藝術家——達文西（Leonardo da Vinci）所說的：應當耐心聽取他人的意見，認真考慮指責你的人是否有理。如果他有道理，就應修正自己的錯誤；如果只為批評而批評，就當沒聽見。若他是一個你所敬重的人，可以通過討論，提出對方不正確的地方。

∴職場守則

對於工作，你的能力毋庸置疑，善於賺錢又自我勉勵，對於上級交辦的工作，你不只執行，更會思考有沒有其他方式，可以讓它有不一樣的創意火花？因為聰明，你總覺得「沒有什麼事情是我不可以的」、「如果是我的話，一定能夠成功」，沒錯，自信心是你的優勢，但也可能造就高傲自大、難以溝通的個性。

別忘記，人是群居的動物，沒有團隊，即使成功也是很辛苦的事。

對別人有點耐心吧，沒有誰是一蹴可幾。回想最初，你也許也是因為許多人的幫助，才有今天的舞台，其他人一樣，要相信聰明才智可以培養，依經驗的傳承累積，必能造就優秀。

∴感情指引

關於感情，你一進場，往往很難讓人移開目光，即使不是故意，依舊是眾人談論的焦點。如果可以，你不說別人壞話，善交際人脈廣闊，從不缺資源；但是因為感情細緻，容易相信別人，心情較不穩定，常有搬家和換工作的心思，或因貪心而受騙，若是沒有審慎思考誰是真心誰是假義，到頭來，會發現只有你一人，各種辛苦付諸流水。

世界上沒有完人，別貪心地什麼優點都要。感情需要明辨，細水長流的相處，會比一時的歡欣，還來得幸福寧靜。

∴健康叮嚀

你也關心健康，因為情緒容易波動，無論男女都要注意耳塞、腎臟膽結石等問題，男性還須關注遺精的毛病，女性生殖系統也可能會有閃失，記得定期檢查，別輕忽些微徵兆，才是正道。

記得補充水份，那是健康根本之源！

你就像璀璨的鑽石，若沒有經過千百次打磨、拋光，無法耀眼地展現在世人面前。隨著年齡增長，也許經過幾次失敗、幾回欺騙，經過重重考驗，學著耐著性子扎實基礎、學習思考智慧的積累，在你身上發著光芒。

無論在哪個階段，情緒的管理對你而言都是重要的。

別忘了，真心交幾個彼此理解的朋友，在需要的時候互相傾聽；或是藉由書寫，解放思想抒發情感，若能培養冥想的習慣，加上自然系花波（落葉松、榆樹、胡桃）的配合，則更容易保持平靜。

獨特的你，值得被看見，要相信，你終究能達成內心想望，只要注意聰明反被聰明誤。

到那個時候，聰明如你，遇到危機，總能靠著八面玲瓏的交際手腕、機靈地隨機應變，化為轉機贏得掌聲，即使較不適合管理工作，誠信溫馴地固守崗位、善用交際長處，仍能成功；如果回歸家庭，也能有條有理的持家理財、和樂圓滿。

02

坤卦：最該討好的，是自己

你不愛衝突，為了避免紛爭，
任何事情總是希望所有人都滿意，
也因此隱藏起自己內心的想法。
你是無法討好所有人的，
也沒有所謂「準備好」這件事，有時候，
「直覺」是最精準的判斷。

個性特質：犧牲奉獻、愛做又愛唸、多疑善妒、過於擔心

易經花波情緒療法：紅栗（過度擔心別人）

健康注意：脾虛、胃痛、肚瀉、肩酸、腸胃炎、胃癌、小產

花波健康自然療法：松針、岩泉水、忍冬、矢車菊、冬青

使用方法：將花波滴5滴（輕微）或10滴（嚴重），加在150-250cc溫水中飲用

柔和不只是你的身段，更是心智。

你不愛衝突，為了避免紛爭，任何事情總是希望所有人都滿意，也因此隱藏起自己內心的想法，把別人放在第一位。但是在某些必須挺身而出的時刻，反而變得猶豫不決，「我這樣做對嗎」、「應該要再問問別人」、「再想想吧」諸如此類的

想法，在你腦海裡縈繞不去，時機也稍縱即逝，錯過的喚不回。

要記得，你是無法討好所有人的，也沒有所謂「準備好」這件事，有時候，「直覺」是最精準的判斷。

∴職場守則

在職場，你一向任勞任怨，公司的目標就是你的目標，努力有目共睹。只是在刻苦耐勞的同時，看見別人不和你一致、或是做法不同的時候，你不免覺得羨慕、甚至嫉妒，「為什麼我這麼辛苦，而他卻不用？」忍不住，你可能碎唸幾句、在己身專業之外指導別人，可能立意良善，然而在別人眼中，就是所謂「多管閒事」。

嫉妒就是比較，如果你不要比較，嫉妒就會消失。——奧修（OSHO）

你必須認清，光有努力是不夠的。

善於順從是優點，但若想要在工作上有理想的位置，決斷力也很重要。如果無法獨立自主，那請教適當的顧問互補，也不失為一個方法。

∴感情指引

同樣的狐疑特質，對照在感情，也讓你著實辛苦。

你很難完全的信任對方，原因難以明說，只能說大概本性如此。

與伴侶相處，你是溫柔細膩，也非常替別人著想，對方的事情總是最重要；但是反過來說，在關係裡「你」消失了。為了配合、維繫一段情感，你把別人的需要當作自己的，不斷付出，只是當發現對方並不如你一般，把你放在心尖上時，內心深處的不安全感蠢蠢欲動，你變得怨懟、多疑、難以信任這世界。

你也許渴望穩定親密的關係，但別忘了，並非毫無保留的赤裸，而是「兩個人很好，一個人也自在」的狀態。

還記得《鐵達尼號》裡的蘿絲嗎？經歷失去摯愛後，她反而嘗試各種可能、興趣，更能活出自己。這不才是愛情的真諦嗎？既在意對方，也保有自我的空間。

對於關係中的「性」，你可能也羞於啟齒，總覺得難為情。沒關係，不用勉強自己，但是也得明白，那是自然而然會發生的事情，也是一個美好的感受，當它發生時，不用刻意抗拒，這並不壞。

別把自己與對方逼得太緊，都太辛苦了。

∵健康叮嚀

時常把別人擺第一的你，也別忘記關照自己的身體與情緒。

學著表達自己，世界不會因為你的發聲而亂了套；反而，要利用思慮周全的優勢，提醒夥伴們沒有思考到的盲點。也許因為這一句話，事情會更加完美也不一定，而且在過程中，你反而能使團隊更強大，別輕忽這股力量。

你也許時不時感到肩頸僵硬酸痛、腸胃不適（胃痛、肚瀉），有可能是因為壓力過大或勞累，工作一段時間後記得站起來走走、活絡筋骨；適時抽離，培養興趣或是來一趟屬於自己的旅行都好，讓身心喘口氣，或是聽從專業醫療人員的叮嚀，搭配植物花波放鬆，保養體魄，維持最佳狀態。

你本是個豐裕的人，不用過於在意別人的眼光，貪心的要每一個人都喜歡你，請將注意力回歸自己。好好思考一下：現在擁有什麼？什麼是真正想要的？認真生活之餘，有讓心靈覺得自在嗎？

當這一切有了答案，那就是自由的時刻了。

03

震卦：「慢」並不可怕，反而使生命更美

很多時刻，只是說話或做事直接了點，
卻造成意想不到的誤會。這不是什麼錯，
你只是需要明辨，衝動與執行力，
只是一丘之隔。

個性特質：個性剛硬率直、活潑愛熱鬧、觀前不顧後
易經花波情緒療法：枸酸醬、矢車菊
健康注意：手腳損傷、車禍、神經失常、肝病
花波健康自然療法：龍芽草、鳳仙花
使用方法：將花波滴3滴（輕微）或8滴（嚴重），加在150-200cc溫水中飲用

你辛苦了，很多時刻，只是說話或做事直接了點，卻造成意想不到的誤會。

這不是你的本意，但就是沒辦法在行動之前或是那個當下，同時思考「這句話得體嗎？」「有沒有更好的說法？」「他會不會誤會？」往往一出手，你就開始後悔。

這不是什麼錯，你只是需要明辨，衝動與執行力，只是一丘之隔。

∴職場守則

工作上，你明虧暗箭也許是吃了不少。

剛毅是你的優點，不過不見得在每個時刻都讓人覺得舒服，尤其在組織中，圓融是必要的智慧。「難道我就得隱忍某些迂腐與不合理？」你大概常常這樣掙扎。別誤會，不是要你不發聲，只是發生的方式很多，不見得急躁地提高分貝，尖銳又激烈。

不過，上級應該是欣賞你的。

因為在訊息龐大的時代，每個人的知識水平差距已不太大，重點是誰能衝鋒陷陣，做那個有魄力的執行者？你剛好適合這樣的位置，只是因為本性急躁了點，最好找個細膩的夥伴，搭配你的果決明斷的執行力，那麼任何事情到了手上，不成功也難。

然而對於下屬，得多費點心思。

你可能也已感受到，許多新進的同仁在你經過身旁時，眼神飄往別處；或是會議上，投以不信任、甚至帶點怒氣的眼光；公事上的討論，有時並不順利，稱得上火爆，你可能覺得挫折，明明自己能幹有效率，但是團隊合作卻不盡人意。

先別覺得不自在，這只是提醒，只要學著稍稍放柔軟一點，適時地表達關心、多微笑，將可以招來更多感謝，形成圓融的凝聚力。

要記得，一個人好是辛苦的，一群人好，才是真正共榮。

∴ 感情指引

和你談戀愛的對象，心臟應該不小。

你的信心強大，面對所愛勇敢直追，即使被拒，你也不會放在心上，小小傷心一下，便又繼續追求真愛。他們也許是被你的熱情打動，欣賞你對任何事情全力以赴，乾脆、果決，勇於嘗試，這段關係充滿活力。

但是比起愛情，你或許更重視自由，不喜穩定，安寧的生活久了覺得煩悶，兩人的距離如何拿捏，考驗著彼此的智慧。加上你急躁、心直口快的本性，吵起架來殺傷力不小，這些都是累積的傷害。

感情是複雜的東西，很多事情並非表面上那樣，不要太快做結論，覺得「她就是這個意思」、「事情只能這樣解決」，大部分的時候，工作上的果斷性格，移至感情中也許並不合適，否定任何可能的結果，當回過頭，也許只剩下自己。

請練習放慢腳步，花波可以是你的好幫手，能引導你多釋出一些善意問候，一定會有更適合、更能讓人接受的方式表達內心的想法，早點卸下防備與敵意，愛與和平會漸漸回到身邊。

∴健康叮嚀

因為衝動，一不注意讓手腳掛彩，是常有的事。

俗話說：久病成良醫，大大小小的皮肉傷，也許讓你養成家中常備急救箱的習慣，這不是壞事，但如果能多注意一點點，少些皮骨之痛，不是很好？

所以，騎車、過馬路、上下樓梯等等時刻，記得小心點，寧可慢，也比受傷來得強。

人生是場旅行，快速到達目的地固然很好，但是偶爾「慢」，才不會錯過旅途上的風景。

你直率、熱忱以及強大的執行力，能讓你得到任何想要的事物，不過若想成為真正懂得享受「生活」的人，得學習慢慢來，配合花草系花波（枸酸醬、矢車菊），讓幸福跟上，一起同行。

04

巽卦：你擔心的，可能都不會發生

你很聰明，不用多說，自己都這麼覺得。
即使散發著淡淡的優越感，卻還好相處，
個性柔合，大多數的人，
仍是願意與你和平共處。

個性特質：聰明秀氣、生性孤僻、屬文昌、杞人憂天

易經花波情緒療法：鐵線蓮（幻想）、白栗（胡思亂想）

健康注意：骨部、大腿損傷、氣喘、肺病、肝膽病、骨盆腔發炎

花波健康自然療法：龍芽草、岩泉水、鳳仙花

使用方法：將花波滴3滴（輕微）或8滴（嚴重），加在150-200cc溫水中飲用

你很聰明，不用多說，自己都這麼覺得。

你清楚自己的智慧是多麼優越，很多別人覺得困難的事，到了手上，只是一盤蛋糕；對於沒接觸過的新事物，你也保有好奇心，學習總能快速地上手、舉一反三，「就是這樣啊，有什麼困難的？」你常覺得疑惑。

不過，即使你散發著淡淡的優越感，卻還好相處，個性柔合，大多數的人，仍是願意與你和平共處。

∴職場守則

正因為腦袋聰慧的你太清楚，有時候耳根子硬起來，別人的意見聽不進去，容易陷入自我的盲點。要時時提醒自己，沒有誰是全能的，將個人不同面向的想法彙整，才是一個完整的圓。

你一定多才多藝，各種技能都會一點，轉換跑道一點都不擔心；但也因為如此，一旦遇到一些些的不如意，就開啟求職網站尋求下一個出路，剛出社會也許沒感覺，過個幾年回頭一看，也許每段經歷都不久長，回到現實，不免吃虧後悔。

聰明伶俐是優點，穩重也是。

又或者，你覺得凡事進行逃不出自己的手掌心，別人提一，你已想到二、三，久而久之，可能染上「杞人憂天」的習慣。事情都還沒開始呢，怎麼知道結果好不好？到最後，很多事情會因為自己無中生有的擔憂，變得窒礙難行。

事實上，九成的擔心，可能都不會發生。

然而，身邊的同事，仍是喜歡與你共事，因為你本性溫和，還很會照顧別人。也許某個產品銷售不如預期，同事如坐針氈，你腦筋一轉，換個文案與照片，業績就一飛沖天，危機解除；又或者新進同事正在為專案傷腦筋，你將他的簡報改了改，就成為令人滿意的提案。

因為你懂得付出，潛在的貴人也不少，只要適時打開心房，也聽聽別人的聲音，在職場上必能無往不利。

∴感情指引

要讓你動真感情，那一定是真的特別的人。

你會是個好伴侶，生性聰明，總是能理解對方、照顧他的需要；你也生性好奇，對新事物都想接觸，和你相處並不無聊。

因為知道自己優秀，也一定要遇到同樣優秀的對象，你才有可能動心，標準是不太低的。但是反過來說，一旦你認定這人了，即使在社會一般價值的眼光中，你們不適合，你也看不見。也許你內心深處相信，他就是最好的了，再沒有別人，社會價值觀所謂不適合的地方，在你眼力都是獨特的存在，「如果他不是這樣就不是他了啊！」你固執地認為。

不過，執著用在錯的地方，就是盲目，你的愛情，也許常常盲目。

相信每段感情對你而言，都是成長的契機，只是若能在過程中多聽些別人的看法在做判斷，也許會順利許多，尤其婚姻是一輩子重要的事，更要小心別意氣用事，以免到頭來，辛苦的是自己。

∴健康叮嚀

也許你最大的隱憂，是想太多。

這不是什麼缺點，只是情緒上容易疲憊。突然閒下來時，你可能不自覺的胡思亂想、情緒上上下下。

心理影響生理，情緒來時也許會氣喘發作，也要小心肺部、肝膽等臟器，以及骨頭發炎。當覺得身體不適，請諮詢專業醫師的建議，適當搭配花波調養情緒，相信對身體健康很有幫助。

大多數的聰明人，也許都難免覺得孤單，藉由付出與幫助，讓你不至於真的與人群脫節。

不過，內心深處那孤僻的性格，時不時還是會探頭出來。了解自我優勢，固然很好，但也許更重要的是，清楚明白自身的極限與不足之處，坦然接受別人的建議與幫助，讓彼此成長為更好的人。

05

五黃卦：
世界並非黑白，
多包容一些灰色地帶

「路見不平，拔刀相助」
這句話你不只掛在嘴上，
還真切地實踐了它。
如何不違背自己價值觀，
也包容多元的思想行為，
需要時間去適應與練習。

特別說明：男寄坤，男命5視為2坤卦；女寄艮，女命5視為8艮卦。

男性

個性特質：較極端，領導級雙重性格

易經花波情緒療法：紅粟（過度擔心別人）

健康注意：脾虛、胃痛、肚瀉、腸胃炎、胃癌

花波健康自然療法：松針、岩泉水、忍冬、矢車菊、冬青

使用方法：將花波加在 150-200cc 溫水中飲用

女性

個性特質：獨立自主

易經花波情緒療法：野玫瑰

健康注意：脾臟炎、腰背疾病、小產、手背肌肉、鼻子過敏、腫瘤

花波健康自然療法：橄欖、馬鞭草、榆樹

使用方法：將花波滴5滴（輕微）或10滴（嚴重），加在 150-200cc 溫水中飲用

如果真有所謂俠士俠女，大概就是你／妳了！

「路見不平，拔刀相助」這句話，你不只掛在嘴上，還真切地實踐了它。

與人相處，你是不會計較太多的，遇到問題，習慣直指問題核心，照自己的方式處理它。然而，羅馬不會是一天造成的，有時問題不是自己看見的樣子，其背後有許多複雜的因素。

世界不是非黑即白，許多時候是灰色地帶，如何不違背自己價值觀，也包容多元的思想行為，需要時間去適應與練習。

∴職場守則

因為你的正義感，對公司也非常忠誠，交派的事務都能盡力達成，可能是個工作狂。薪資不是你的必要條件，能不能符合心中的理想環境，才是重點。你既能一眼看穿問題，還可以化繁為簡，果決快速地處理，相信上司會器重，升遷名單上，也許有你的名字。

只是要提醒的是，權力使人腐敗。

當然這可能言重了，但你有優秀的領導能力，只是隨著位階越高，你可以掌控的資源越多，容易產生「只要我想做的事，有什麼不可以」的錯覺，陷入固執自大的陷阱，而忘記當初工作的熱忱與初衷。

也因為滿滿的正義感，與同事的溝通上也許並不順暢。「這不合理啊！」、「難道不能爭取嗎？」你把問題看得清楚，希望事情照著常理運行，但是別忘了，組織的生態有時是協調的藝術，人性變化多端，問題的背後，可能是複雜的結構，若是輕率的「仗義執言」，小心反而讓自己與同仁之間產生隔閡孤立，相信你並不樂見。

並不是要你一味的鄉愿，只是在爭取表達時，可以更有智慧的圓融，少些誤解，相信日子會更自在些。

∴感情指引

比起事業，你也許沒有那麼重視感情。

因為「強人」個性，工作上能帶來的成就感，感情之於你，比較像是點綴，事業之外的調劑。所以你大概很需要自己的時間與空間。感情上你是好相處的，因為不拘小節，生活習慣不會讓人覺得壓迫，可是固執、微自大的個性，很容易引起不必要的爭執，如果對方不像你這般強勢，會將負面情緒悶在心裡，久而久之，會造成彼此很大的鴻溝。

小小的提醒，工作固然重要，但若身邊有人可以互相激勵、分享，心靈上的滿足無可比擬。

你可能喜歡聰明、熱愛冒險的個性，而且你的本性爽朗明快，一旦認知自己的感覺，很快就能有所回應，產生微妙的化學變化。

但是，請別因為忙碌而忽略關心你的人。練習將「你必須」、「你應該」等等命令句移除，改用「你覺得」、「這樣如何」等較柔和的溝通與邀請，相信彼此都會更加融洽、長遠。

∴ 健康叮嚀

生活忙碌與壓力，要小心腸胃疾病。

你可能時常工作廢寢忘食，三餐不正常，每隔一段時日就得到腸胃科報到；有時候也因為與公司同仁相處不睦，負面情緒積鬱在心，導致各種病症。

請理解，別人不瞭解你，是因為你不願意傾訴、封閉自己，因此快樂也會被你關在門外，這樣的人心裡往往會影響到身體的健康、神經緊繃。要遵從醫師的指示調整生活飲食習慣，可能的話，試試靜坐以及松針、岩泉水、忍冬等花波配方，讓心情平穩，身體也會舒服許多。

≫　≪　≫

因為天生的正義感，你可能要花很長的時間，才能慢慢適應社會上的各種矛盾（也有可能無法適應），但這並不代表，你必須盲從、以別人為中心。

你絕對有能力，能在各式紛擾的訊息潮流中，站穩腳步、包容不同的聲音，成為受人景仰的對象。

06

乾卦：
平靜，
才是幸福所在

看似柔和，其實有顆鋼鐵心，
一旦決定的事情，沒有執行絕不輕言放棄，
該如何平衡，是你的重要課題。

個性特質：比較熱心、如太陽般照顧大地、大男人主義

易經花波情緒療法：葡萄（暴君型）、馬鞭草（說客型）、鳳仙花（獨行俠）

健康注意：頭痛、腦充血、氣管炎、腦病、腸癌

花波健康自然療法：白栗、枸酸醬

使用方法：將花波滴4滴（輕微）或9滴（嚴重），加入150-200cc溫水中飲用

不說話，並不代表沒有思想。

你一向是有思想的人，只是不愛說話，把聰明收在腦袋，別人不仔細看，還真沒發現。你看似柔和，其實有顆鋼鐵心，一旦決定的事情，沒有執行絕不輕言放棄，在別人眼裡是「不見棺材不掉淚」，對你而言，是不留遺憾的勇氣。

然而，你的勇氣是極端的，對於極有興趣的事，會不顧一切的出手；若是興趣缺缺，那拖到天邊也有可能。

該如何平衡，是你的重要課題。

∴職場守則

在工作上，你可能挺辛苦的。

因為話少了點、不善表達，同事們不太注意你，你默默努力，別人看不見。熬得久了，也許好不容易升到小主管的位置，但是因天性不善溝通、耳根子也挺硬的，聽不進別人的話，事情很難順利。

「業績已經三個月沒達標了！」

「案子進度怎麼這麼慢？」

「為什麼這麼簡單都做不好！？」

如此這般的責怪可能少不了，你不是不想改變，只是在執行的過程中，也許會不知不覺陷入自己的框架中，聽不見建議；又希望能趕快立下建樹，心一急就不顧後果，細節通通忘記。如此一來，又陷入惡性循環，外加上司不賞臉、下屬不信任。

但是，你的本質並非現實遭遇的如此糟糕。

你心思聰穎，只是大家可能沒發現。

很多事你心中其實已有定見，只是需要多討論一下，要知道，一個人很難想得周全，需要有多種角度的刺激激盪，才是完整的圓。而且在討論的過程中，不僅補強自己的思維邏輯，別人也能發現，原來你並非沒有實力，漸漸地互相信任、培養默契，團隊就會堅強。

試著打開耳朵與心靈，接納不一樣的聲音，別讓勇氣變成遺憾。

∴感情指引

嫁給你，其實不賴。

雖然你沈默寡言，另一半不是很清楚你心裡在想什麼，有時候發起脾氣，蠻橫甚至有點傲慢無理，不過除此之外，你是很照顧對方的，連同他的家人一起。

你覺得既然要在一起，照顧對方是應該的，尤其是對方的家庭成員，因為兩人的結合是兩家子的事。（當然也可能是因為大男人或大女人主義）

然而，要注意別讓這一切優點，讓壞脾氣破壞殆盡。

有時不顧後果、倨傲自大的特質，連另一半也受不了。你們可能常常為瑣事爭吵，吵完了又心裡後悔：為什麼要說這些傷人的話？你明明是很重視他的啊！但是情緒來時，你怎麼也掌控不了，容易變成一個傲慢無理、惹人討厭的人。

這些，正在將你的好，一點一點消磨逝去。

說到底，其實課題就是情緒管理。

試著覺察情緒，當發現憤怒的感覺上來，先遠離現場不失為一個冷靜的方法，先定下心，整理一下自己，別這麼快就開砲。

再好好思考一下，該如何完整的表達自己的想法，用別人也可以接受的方式？對方的思考，是不是也有值得參考的地方？用錢方面，也需要多加注意溝通協調，別因為一時的快感作祟，而做出超乎自己能力的事，相信感情會更加順暢。

∵健康叮嚀

因為本身的個性容易衝動，情緒起伏較大，你可能會有不明原因的頭痛、脳脹，嚴重一點還有腦充血、氣管炎等風險。

記得要定期讓專業醫療人員檢查，除此之外，最根本的是將自己情緒調整好，可以藉由花波（葡萄、鳳仙花等配方）的協助，回歸平靜，那才是幸福所在。

讓情緒破壞你一切的好，未免太可惜。

話說出口前先緩一緩，或是遠離現場讓自己冷靜，都有助於讓情緒不爆發，再加上花波自然療法輔助，相信你將越來越能察覺自己。

07

兌卦：
耐心，
是一輩子需要學的事

你靈巧，口齒伶俐很會說話，
任何話題你說出來，都是有趣的。
只是，若沒有豐富多元的內在底蘊，
容易流於華而不實的表象，那就太可惜。

個性特質：口才好、玲牙利嘴、得理不饒人、喜歡冒險、愛投資、撒嬌

易經花波情緒療法：冬青（不滿情緒）、菊苣（撒嬌）

健康注意：肺炎、支氣管、喉嚨疾病、失聲、牙痛

花波健康自然療法：龍膽、野玫瑰、馬鞭草、矢車菊

使用方法：將花波滴4滴（輕微）或9滴（嚴重），加在150-200cc溫水中飲用

若要用一種動物形容你，那你就像貓，看似溫和柔順，但骨子裡可能不是這樣子。

你靈巧，口齒伶俐很會說話，任何話題你說出來，都是有趣的，因此每個人都喜歡你，要交朋友很容易，難的是，交心。

∴ 職場守則

機靈的你，學習能力強，新任務教個一兩遍大概就能上手，還能舉一反三，讓流程更有效率，除此之外，你還擅長察言觀色，這並非貶義，而是明白如何在對的時間說對的話，讓人聽得舒服，事情就容易圓滿，因此很得上司喜愛，同事也不討厭你。

然而，也因為你機靈，常常在想：「有沒有更快的方法達到目的？」、「這樣子就好了可以結案。」而失去耐心把事情弄得亂七八糟，忘記有些事情，仍是需要時間與細節來換，才能完美。否則，後續若出問題，需要花更多的心力彌補，才是最划不來。

呷緊弄破碗，是你最需要注意的，記得要有耐心。

你很會說話，可說是出一張嘴就能有許多資源，不過久而久之，你可能就覺得「許多事情沒有我不行」，內心的自大被滋養，聽不進別人的提醒；遇到挫折容易動怒，或是敷衍了事，小心，態度決定一切，太過輕忽或固執，容易招致失敗。

善用你的聰明才智，相信你很快能升上想要的位置，只是別忘記過程中一定會有挫折，好好地面對，那是讓人更加茁壯的養分；何況，所謂慢工出細活，魔鬼藏在細節裡，能將所有環節做得精細，才是真本事。

∵感情指引

你的感情，可能生在嘴巴上。

你愛熱鬧，任何人跟你都聊得來，因此總能吸引大家的目光，有很多潛在的機會。只是要分得清，情人與朋友的界線。

感情需要經營，相信你不會不知道，只是陷進去的時候，你常常想要速成，忘記微火慢燉的，才最香醇。

你的多情敏銳、口齒機靈，是對方愛你的原因之一，因為那讓你顯得與眾不同（也的確如此），但是當感情進展不如你的進度，你可能就會想要轉移目標，顯露出固執、冷漠的樣子，讓另一半缺乏安全感，無法安然互動，長時間不安的情緒不時翻攪著，那麼戀情將只剩下華麗的外衣（或是連外衣都不剩），內心裂痕累累。

請認知感情無法速成，耐心經歷似細水長流的愛情，才能打磨出光芒。

你的固執、冷漠，會使雙方一次次在愛情中觸礁，雖然固執、冷漠的外衣，有時候也是為了別受傷，而裝上的保護層，相信玲瓏七巧的你，會很快地清醒，明白此時此刻的需求，經過誠摯的表達後，雙方都會更加理解而緊緊牽著，一起往前走。

∴健康叮嚀

因為長時間說話，要小心支氣管、喉嚨疾病、失聲等相關毛病。

對你而言，喉嚨是非常重要的部位，平時就要多加保養，多喝溫開水、少吃辛辣、炸物、菸酒咖啡等刺激性食物，讓喉嚨常保舒適健康。

肺部也是另一個重點，因為說話其實需要相當的肺活量，平時勤加運動，有助於訓練。

≫　≪　≫

聰明伶俐與口才是你的魅力所在，在任何面向皆能使你耀眼，只是，若沒有豐富多元的內在底蘊，容易流於華而不實的表象，未免太可惜。

學習是一輩子的事，記得耐著性子將基礎打穩，加上你本來就擅長表達，將可以到達想要的任何位置。

08

艮卦：你值得擁有一切

你擁有別人眼中一切美好物質：
房子、金錢、車子、衣服……，
但是他們不知道，這些東西即使看似來得容易，
你內心深處其實害怕，自己不配得到這麼多。

個性特質：忠厚老實、很愛長上喜歡、較保守、克勤克儉型

易經花波情緒療法：野玫瑰（消極認命）、龍膽

健康注意：脾臟炎、腰背疾病、小產、手背肌肉脹痛、鼻子過敏、腫瘤

花波健康自然療法：橄欖、馬鞭草、榆樹

使用方法：將花波滴5滴（輕微）或10滴（嚴重），加在150-200cc溫水中飲用

對你而言，最不可失去的，是自尊。

你擁有別人眼中一切美好物質：房子、金錢、車子、衣服……，但是他們不知道，這些東西即使看似來得容易，你內心深處其實害怕，自己不配得到這麼多。

因此，自尊對你極其重要，誰都不能踩到那條線。

∴職場守則

高度自尊心反映在工作上，你比誰都努力，深怕一點點鬆懈下來，就被人說：「憑什麼你有這麼多？」

上司交辦的任務，你會不顧一切地做完，耐心規劃每個環節，只求盡善盡美；待人溫和，大多時候以微笑對人，直到上了談判桌，顯得出你的剛強決心、對應得的報酬毫不退讓。

主管們很器重你，你也的確有實力，可以爬升到想要的位置，當然，金錢無虞。只是在過程中，你花得也不少。因為自己知道有多辛苦，只要經濟許可，你絕對不會虧待自己，甚至有點「及時行樂」的性格。儲蓄？對年輕的你一點都不重要。

而外柔內剛的性格，與你共事的同事心裡最清楚。

你不一定意識的到，常常將追求完美的個性、過度注重細節、固執的思維，框在同事的身上，讓周遭的人都備感壓力。人在壓力的環境中，是很難有餘裕做全盤思考的，到最後，也許你的夥伴就只是聽從口令的工具人而已，這並不是你想要的。

要知道，每個人都是獨立的個體，有不同的思維，讓每個人多一點表達的空間，不同聲音集結而成答案，才是最多元的。

也因為你事事追求完美，固然耐心的執行細節，但是一旦認為有失敗的可能，你也許會中途變卦，或是有換工作的想法。

不用過於追求完美，請容許自己有失敗的機會，那才是更上一層樓的契機。

∴感情指引

感情如性格，耐心經營、細水長流。

與一個人在一起，對你而言不只是愛情，還是責任。你是個好丈夫或好妻子，打點好你們的生活，走入婚姻家庭，對你而言不難，重要的是如何把家庭顧好，使生活穩定幸福。

結婚，令你變得很不同。

從前放縱揮霍的消費方式再也不適用，你懂得節制、開始記帳，精算每一筆花費，認真儲蓄、積少成多，有機會因此致富。不過，那要求完美的性格，就未必會改變。

因為婚姻是一份責任，你因此願意上菜場買材料、親手下廚做飯，處理家務事，無論你擅不擅長，你如此認真看待家庭，然而不知不覺中，你忘記人的想法習慣不盡相同，希望另一半與你一般，做事盡善盡美。

當然，有共識是必要的，兩個人結合，事前的相處與溝通，絕對是能否長遠的重要關鍵。只是別忘了，人是有天性的，你們因為愛上原本的彼此而走到了一起，又為何會希望組成家庭之後，對方因而失去自我呢？

在一段關係裡，做自己是最自在的，對你、對另一半都是。人生不用要求結果事事完美，盡力就好，你會喜歡這樣自然的生活步調。

∴健康叮嚀

認真負責本性，讓你對身體的病痛，能忍則忍。

因為長時間勞動工作，手背肌肉也許時不時的痠痛，常常得找藥布貼著；因為休息得少，抵抗力也不太好，天氣變化大一些就感冒過敏，如果過於忽略疾病的徵兆，嚴重的話有脾臟炎、腫瘤等重大疾病的可能，那是一件痛苦的事。

工作固然重要，但身體健康才是最根本的，別因為忙碌而忽略身體的警訊，適時的休息，才走得長久。

▽ △ ▽

試著放鬆一點吧！你擁有的一切並不會消失，沒有一百分的結果，也不如想像中的可怕，你的確也值得被好好對待。

耐心對待細節，是你的優勢，只是在過程中，如何感到遊刃有餘，是可以練習的，到那個時候，你會無比的豐收。

09

離卦：運用天賦，成為一盞人生明燈

聰慧一眼就看得出來，
你總希望有捷徑，
但是人生有時，
就是需要這麼麻煩。

個性特質：很聰明、較無耐性、喜歡鑽牛角尖

易經花波情緒療法：鳳仙花（無耐性）、山毛櫸（喜鑽牛角尖）、岩泉水（過度苛求自己、屬完美主義）

健康注意：心臟、血壓、小腸、眼疾、血管。

花波健康自然療法：葡萄、石南、白栗、鵝耳櫪、野燕麥

使用方法：將花波滴2滴（輕微）或7滴（嚴重），加在150-200cc溫水中飲用

你並非如你的外表般剛強。

聰慧一眼就看得出來，別人剛起一點頭，你就聽得出尾巴，舉一反三反應很快。但是，你久沒耐心聽那麼多，「應該有更快的方法吧」、「不用那麼麻煩吧」，你總希望有捷徑，但是人生有時，就是需要這麼麻煩！

∴ 職場守則

因為反應快速，你其實頗為吃香。

主管交辦的事，你都可以快速地做好；客戶疑難雜症，也可以清楚說明，另外憑藉靈活的交際手腕、連結人脈，迅速解決。只是，雖然你擁有靈活應變的本事，但是有些問題，其實可以預防的，只要思考得再仔細一些。

「耐心」是你最需要練習的功課，也是成功的關鍵。

你時常思考：有沒有更快的方式，可以將事情做完？或是聽到別人的建議，未經深思就草率執行，有效率是好事，但是過於追求快速的結果，很容易變成投機取巧。

「應該這樣就好了吧！」當你這樣想的時候，往往是不夠的，因為魔鬼藏在細節裡，有些事情無法省略，否則，要花更多力氣彌補，甚至無可挽回。

你的第二個要修的職場功課，可能是「好大喜功」的個性。

工作總是辛苦的，因此一有機會、階段任務完成時，一定要好好犒賞自己或團隊。當然，適度的鼓舞士氣是必須的，能讓團隊充滿動力與活力，但需要符合比例原則。

例如公司才剛剛從虧損中打平，你也許就急著擴張人力、裝修辦公室，準備明年擴大規模；或是一個小型專案結束，你卻選擇在高檔的飯店中舉行慶功宴等等，不是不可行，只是要考量的是成本是否符合收益？有沒有更簡單而隆重的方式呢？

適度的打氣很重要，然而若是越過了界線，不免就危險。

∴感情指引

在情場裡，你的外表大概滿吃香的。

人天生喜歡接近好看的事物，這是人性，加上聰明反應快，因此你也許不缺機會。但這是雙面刃，因為未經真正相處而有交集的感情，往往變動很大，感情皆不久長。

一段關係講求的是細心經營，然而因為你求快的個性，總是會施些小手段，希望進展可以快一些。

兩人相處有快有慢，該如何平衡需要拿捏，一味的求進展有時反而適得其反，而且若是小聰明被發現，反而留下表裡不一的印象。

其實，關係的經營，最重要的是看清彼此的內心、互相鼓勵前進，在適當的時機，表現忠誠與決心，相信憑藉你的才情，對方也會被你的誠意打動。發揮溫暖迷人的特性，分享比起接收更能夠使人快樂，別聰明反被聰明誤，弄巧成拙得不償失，是很可惜的事。

∴健康叮嚀

也許要注意心臟方面的毛病，一開始徵兆可能不明顯，但是若不注意，有可能演變成長久慢性的疾患。

建議定期做檢查，別忽略微小的異同，尤其是心血管相關的項目，預防勝於治療。

你擁有許多美好的天賦，只是別想太多，耐著性子好好執行發揮，並且堅定心志，運用自己的才能和熱情，照亮他人。終能成為他人依循的榜樣、一盞人生明燈。

附錄｜
本命算卦：男女出生年本命卦參照表（1924～2043）

《易經》：「知往察來，觀天測地，知數達變，觀物取象，取象比類，比類表意……」

變化無常的年代，人人都需要一盞明燈，也許《易經》正是變異之中的恆定，混沌之間的清明，幫助我們看清眼前的迷障，開啟智慧圓通的大門，超脫病苦死傷的罣礙。

然而，該如何把握住那份心領神會？

本書除了提供情緒和心靈上的轉化與解脫，同時收錄簡易的《易經》算卦方式，從時間、空間、條件，全方位審視問題，認識事物的思維方向，讓自己在動見觀瞻的方寸之間，找出一條鬆心的指引。

夫大人者，與天地合其德，與日月合其明，與四時合其序，與鬼神何其吉凶。——《周易》

所謂至高無上的聖人，其實也就是品德和天地相合，智慧與日月相符，行為與四季節令相應，這就是將「理論易」落實為「生活易」。

剛柔並濟，急緩之間取得放鬆的節奏，活得順天應地，打通身心靈相互對話的管道，也就是活出《易經》的關鍵原理。

一動一靜互為根，生命就在循環不止中，一再汰舊，一再更新。

若把《易經》視為轉生之術，連結起天地人的過去、現在、未來，我們便能在變動的時局中，持續立足在運行的軌道之中。

所謂的本命卦，就是依照出生年換算成八卦的代號：

1——坎，2——坤，3——震，4——巽，5——五黃，6——乾，7——兌，8——艮，9——離。

確定自己本命卦最簡單的方法，就是藉由「本命算卦：男女出生年本命卦參照表（1924～2043）」速查表進行查找，即可知道屬於自己的卦象，再翻閱對照「各卦屬性的人生指引」，即可獲悉包括：職場守則、感情指引、健康叮嚀，以及應對的花波情緒療法，輕鬆跨越人間的變動。

男子命卦 -1

西元	民國	生肖	年干	卦名
1924	13	鼠	甲子	4 巽卦
1925	14	牛	乙丑	3 震卦
1926	15	虎	丙寅	2 坤卦
1927	16	兔	丁卯	1 坎卦
1928	17	龍	戊辰	9 離卦
1929	18	蛇	己巳	8 艮卦
1930	19	馬	庚午	7 兌卦
1931	20	羊	辛未	6 乾卦
1932	21	猴	壬申	2 坤卦
1933	22	雞	癸酉	4 巽卦
1934	23	狗	甲戌	3 震卦
1935	24	豬	乙亥	2 坤卦

男子命卦 -2

西元	民國	生肖	年干	卦名
1936	25	鼠	丙子	1 坎卦
1937	26	牛	丁丑	9 離卦
1938	27	虎	戊寅	8 艮卦
1939	28	兔	己卯	7 兌卦
1940	29	龍	庚辰	6 乾卦
1941	30	蛇	辛巳	2 坤卦
1942	31	馬	壬午	4 巽卦
1943	32	羊	癸未	3 震卦
1944	33	猴	甲申	2 坤卦
1945	34	雞	乙酉	1 坎卦
1946	35	狗	丙戌	9 離卦
1947	36	豬	丁亥	8 艮卦

男子命卦 -3

西元	民國	生肖	年干	卦名
1948	37	鼠	戊子	7 兌卦
1949	38	牛	己丑	6 乾卦
1950	39	虎	庚寅	2 坤卦
1951	40	兔	辛卯	4 巽卦
1952	41	龍	壬辰	3 震卦
1953	42	蛇	癸巳	2 坤卦
1954	43	馬	甲午	1 坎卦
1955	44	羊	乙未	9 離卦
1956	45	猴	丙申	8 艮卦
1957	46	雞	丁酉	7 兌卦
1958	47	狗	戊戌	6 乾卦
1959	48	豬	己亥	2 坤卦

男子命卦 -4

西元	民國	生肖	年干	卦名
1960	49	鼠	庚子	4 巽卦
1961	50	牛	辛丑	3 震卦
1962	51	虎	壬寅	2 坤卦
1963	52	兔	癸卯	1 坎卦
1964	53	龍	甲辰	9 離卦
1965	54	蛇	乙巳	8 艮卦
1966	55	馬	丙午	7 兌卦
1967	56	羊	丁未	6 乾卦
1968	57	猴	戊申	2 坤卦
1969	58	雞	己酉	4 巽卦
1970	59	狗	庚戌	3 震卦
1971	60	豬	辛亥	2 坤卦

男子命卦 -5

西元	民國	生肖	年干	卦名
1972	61	鼠	壬子	1 坎卦
1973	62	牛	癸丑	9 離卦
1974	63	虎	甲寅	8 艮卦
1975	64	兔	乙卯	7 兌卦
1976	65	龍	丙辰	6 乾卦
1977	66	蛇	丁巳	2 坤卦
1978	67	馬	戊午	4 巽卦
1979	68	羊	己未	3 震卦
1980	69	猴	庚申	2 坤卦
1981	70	雞	辛酉	1 坎卦
1982	71	狗	壬戌	9 離卦
1983	72	豬	癸亥	8 艮卦

男子命卦 -6

西元	民國	生肖	年干	卦名
1984	73	鼠	甲子	7 兌卦
1985	74	牛	乙丑	6 乾卦
1986	75	虎	丙寅	2 坤卦
1987	76	兔	丁卯	4 巽卦
1988	77	龍	戊辰	3 震卦
1989	78	蛇	己巳	2 坤卦
1990	79	馬	庚午	1 坎卦
1991	80	羊	辛未	9 離卦
1992	81	猴	壬申	8 艮卦
1993	82	雞	癸酉	7 兌卦
1994	83	狗	甲戌	6 乾卦
1995	84	豬	乙亥	2 坤卦

男子命卦 -7

西元	民國	生肖	年干	卦名
1996	85	鼠	丙子	4 巽卦
1997	86	牛	丁丑	3 震卦
1998	87	虎	戊寅	2 坤卦
1999	88	兔	己卯	1 坎卦
2000	89	龍	庚辰	9 離卦
2001	90	蛇	辛巳	8 艮卦
2002	91	馬	壬午	7 兌卦
2003	92	羊	癸未	6 乾卦
2004	93	猴	甲申	2 坤卦
2005	94	雞	乙酉	4 巽卦
2006	95	狗	丙戌	3 震卦
2007	96	豬	丁亥	2 坤卦

男子命卦 -8

西元	民國	生肖	年干	卦名
2008	97	鼠	戊子	1 坎卦
2009	98	牛	己丑	9 離卦
2010	99	虎	庚寅	8 艮卦
2011	100	兔	辛卯	7 兌卦
2012	101	龍	壬辰	6 乾卦
2013	102	蛇	癸巳	2 坤卦
2014	103	馬	甲午	4 巽卦
2015	104	羊	乙未	3 震卦
2016	105	猴	丙申	2 坤卦
2017	106	雞	丁酉	1 坎卦
2018	107	狗	戊戌	9 離卦
2019	108	豬	己亥	8 艮卦

男子命卦 -9

西元	民國	生肖	年干	卦名
2020	109	鼠	庚子	7 兌卦
2021	110	牛	辛丑	6 乾卦
2022	111	虎	壬寅	2 坤卦
2023	112	兔	癸卯	4 巽卦
2024	113	龍	甲辰	3 震卦
2025	114	蛇	乙巳	2 坤卦
2026	115	馬	丙午	1 坎卦
2027	116	羊	丁未	9 離卦
2028	117	猴	戊申	8 艮卦
2029	118	雞	己酉	7 兌卦
2030	119	狗	庚戌	6 乾卦
2031	120	豬	辛亥	2 坤卦

男子命卦 -10

西元	民國	生肖	年干	卦名
2032	121	鼠	壬子	4 巽卦
2033	122	牛	癸丑	3 震卦
2034	123	虎	甲寅	2 坤卦
2035	124	兔	乙卯	1 坎卦
2036	125	龍	丙辰	9 離卦
2037	126	蛇	丁巳	8 艮卦
2038	127	馬	戊午	7 兌卦
2039	128	羊	己未	6 乾卦
2040	129	猴	庚申	2 坤卦
2041	130	雞	辛酉	4 巽卦
2042	131	狗	壬戌	3 震卦
2043	132	豬	癸亥	2 坤卦

女子命卦 -1

西元	民國	生肖	年干	卦名
1924	13	鼠	甲子	2 坤卦
1925	14	牛	乙丑	3 震卦
1926	15	虎	丙寅	4 巽卦
1927	16	兔	丁卯	8 艮卦
1928	17	龍	戊辰	6 乾卦
1929	18	蛇	己巳	7 兌卦
1930	19	馬	庚午	8 艮卦
1931	20	羊	辛未	9 離卦
1932	21	猴	壬申	1 坎卦
1933	22	雞	癸酉	2 坤卦
1934	23	狗	甲戌	3 震卦
1935	24	豬	乙亥	4 巽卦

女子命卦 -2

西元	民國	生肖	年干	卦名
1936	25	鼠	丙子	8 艮卦
1937	26	牛	丁丑	6 乾卦
1938	27	虎	戊寅	7 兌卦
1939	28	兔	己卯	8 艮卦
1940	29	龍	庚辰	9 離卦
1941	30	蛇	辛巳	1 坎卦
1942	31	馬	壬午	2 坤卦
1943	32	羊	癸未	3 震卦
1944	33	猴	甲申	4 巽卦
1945	34	雞	乙酉	8 艮卦
1946	35	狗	丙戌	6 乾卦
1947	36	豬	丁亥	7 兌卦

女子命卦 -3

西元	民國	生肖	年干	卦名
1948	37	鼠	戊子	8 艮卦
1949	38	牛	己丑	9 離卦
1950	39	虎	庚寅	1 坎卦
1951	40	兔	辛卯	2 坤卦
1952	41	龍	壬辰	3 震卦
1953	42	蛇	癸巳	4 巽卦
1954	43	馬	甲午	8 艮卦
1955	44	羊	乙未	6 乾卦
1956	45	猴	丙申	7 兌卦
1957	46	雞	丁酉	8 艮卦
1958	47	狗	戊戌	9 離卦
1959	48	豬	己亥	1 坎卦

女子命卦 -4

西元	民國	生肖	年干	卦名
1960	49	鼠	庚子	2 坤卦
1961	50	牛	辛丑	3 震卦
1962	51	虎	壬寅	4 巽卦
1963	52	兔	癸卯	8 艮卦
1964	53	龍	甲辰	6 乾卦
1965	54	蛇	乙巳	7 兌卦
1966	55	馬	丙午	8 艮卦
1967	56	羊	丁未	9 離卦
1968	57	猴	戊申	1 坎卦
1969	58	雞	己酉	2 坤卦
1970	59	狗	庚戌	3 震卦
1971	60	豬	辛亥	4 巽卦

女子命卦 -5

西元	民國	生肖	年干	卦名
1972	61	鼠	壬子	8 艮卦
1973	62	牛	癸丑	6 乾卦
1974	63	虎	甲寅	7 兌卦
1975	64	兔	乙卯	8 艮卦
1976	65	龍	丙辰	9 離卦
1977	66	蛇	丁巳	1 坎卦
1978	67	馬	戊午	2 坤卦
1979	68	羊	己未	3 震卦
1980	69	猴	庚申	4 巽卦
1981	70	雞	辛酉	8 艮卦
1982	71	狗	壬戌	6 乾卦
1983	72	豬	癸亥	7 兌卦

女子命卦 -6

西元	民國	生肖	年干	卦名
1984	73	鼠	甲子	8 艮卦
1985	74	牛	乙丑	9 離卦
1986	75	虎	丙寅	1 坎卦
1987	76	兔	丁卯	2 坤卦
1988	77	龍	戊辰	3 震卦
1989	78	蛇	己巳	4 巽卦
1990	79	馬	庚午	8 艮卦
1991	80	羊	辛未	6 乾卦
1992	81	猴	壬申	7 兌卦
1993	82	雞	癸酉	8 艮卦
1994	83	狗	甲戌	9 離卦
1995	84	豬	乙亥	1 坎卦

女子命卦 -7

西元	民國	生肖	年干	卦名
1996	85	鼠	丙子	2 坤卦
1997	86	牛	丁丑	3 震卦
1998	87	虎	戊寅	4 巽卦
1999	88	兔	己卯	8 艮卦
2000	89	龍	庚辰	6 乾卦
2001	90	蛇	辛巳	7 兌卦
2002	91	馬	壬午	8 艮卦
2003	92	羊	癸未	9 離卦
2004	93	猴	甲申	1 坎卦
2005	94	雞	乙酉	2 坤卦
2006	95	狗	丙戌	3 震卦
2007	96	豬	丁亥	4 巽卦

女子命卦 -8

西元	民國	生肖	年干	卦名
2008	97	鼠	戊子	8 艮卦
2009	98	牛	己丑	6 乾卦
2010	99	虎	庚寅	7 兌卦
2011	100	兔	辛卯	8 艮卦
2012	101	龍	壬辰	9 離卦
2013	102	蛇	癸巳	1 坎卦
2014	103	馬	甲午	2 坤卦
2015	104	羊	乙未	3 震卦
2016	105	猴	丙申	4 巽卦
2017	106	雞	丁酉	8 艮卦
2018	107	狗	戊戌	6 乾卦
2019	108	豬	己亥	7 兌卦

女子命卦 -9

西元	民國	生肖	年干	卦名
2020	109	鼠	庚子	8 艮卦
2021	110	牛	辛丑	9 離卦
2022	111	虎	壬寅	1 坎卦
2023	112	兔	癸卯	2 坤卦
2024	113	龍	甲辰	3 震卦
2025	114	蛇	乙巳	4 巽卦
2026	115	馬	丙午	8 艮卦
2027	116	羊	丁未	6 乾卦
2028	117	猴	戊申	7 兌卦
2029	118	雞	己酉	8 艮卦
2030	119	狗	庚戌	9 離卦
2031	120	豬	辛亥	1 坎卦

女子命卦 -10

西元	民國	生肖	年干	卦名
2032	121	鼠	壬子	2 坤卦
2033	122	牛	癸丑	3 震卦
2034	123	虎	甲寅	4 巽卦
2035	124	兔	乙卯	8 艮卦
2036	125	龍	丙辰	6 乾卦
2037	126	蛇	丁巳	7 兌卦
2038	127	馬	戊午	8 艮卦
2039	128	羊	己未	9 離卦
2040	129	猴	庚申	1 坎卦
2041	130	雞	辛酉	2 坤卦
2042	131	狗	壬戌	3 震卦
2043	132	豬	癸亥	4 巽卦

國家圖書館出版品預行編目 (CIP) 資料

走出情緒：易經教你學自在，練放鬆，甩壓力 / 林春文作 . --
第一版 . -- 臺北市：博思智庫，民 106.07
面；公分
ISBN 978-986-93947-9-6(平裝)
1. 易經 2. 研究考訂 3. 情緒管理

121.17　　106010118

美好生活 22

走出情緒

易經教你學自在，練放鬆，甩壓力

作　　者 | 林春文
執行編輯 | 吳翔逸
專案編輯 | 胡梭、宇涵
資料協力 | 陳瑞玲、魏嫚秀
美術設計 | 蔡雅芬
行銷策劃 | 李依芳

發 行 人 | 黃輝煌
社　　長 | 蕭艷秋
財務顧問 | 蕭聰傑
出 版 者 | 博思智庫股份有限公司
地　　址 | 104 台北市中山區松江路 206 號 14 樓之 4
電　　話 | (02) 25623277
傳　　真 | (02) 25632892

總 代 理 | 聯合發行股份有限公司
電　　話 | (02)29178022
傳　　真 | (02)29156275

印　　製 | 永光彩色印刷股份有限公司
定　　價 | 300 元
第一版第一刷　中華民國 106 年 07 月

ISBN 978-986-93947-9-6

博思智庫股份有限公司
博思智庫粉絲團　Facebook.com/broadthinktank